Abū ʿAbd Allāh Muḥammad ibn ʿAlī
al-Ḥakīm at-Tirmidhī

Über das Herz

Bayān al-farq bayn as-ṣadr wa al-qalb wa al-fu'ād wa al-lubb

Ein erhellendes Traktat
aus der Frühzeit des Sufismus
mit arabischem Text

Herausgegeben und kommentiert von
Nicholas Heer

Deutsch von Robert Cathomas
und Helga Jacobsen

Chalice Verlag

Die Originalausgabe erschien
2003 bei Fons Vitae, Louisville KY,
unter dem Titel *A Treatise on the Heart*
als Teil des Buches *Three Early Sufi Texts*

Deutsche Erstausgabe

Buchgestaltung: Robert Cathomas
Herstellung: BoD – Books on Demand GmbH
Printed in Germany

ISBN 978-3-942914-54-3

Inhalt

AL-ḤAKĪM AT-TIRMIDHĪ

Frontispiz auf den Seiten 2 und 189:
Weißer Marmor-Sagana über dem Grab von
al-Ḥakīm at-Tirmidhī in Termizi im Süden Usbekistans.
Quelle: Eddie Gerald / Alamy Stock Foto

Einführung

Dieser Band präsentiert eine überarbeitete Version meiner Übersetzung der *Bayān al-farq bayn as-ṣadr wa al-qalb wa al-fu'ād wa al-lubb* (»Aufklärung über den Unterschied zwischen der Brust, dem [äußeren] Herzen, dem inneren Herzen und dem Herzensverstand«), einem frühen Sufi-Werk, das al-Ḥakīm at-Tirmidhī zugeschrieben wird. Meine ursprüngliche Fassung erschien 1961 in vier Ausgaben des Journals *The Muslim World.*[1] Das arabische Originalmanuskript findet sich in der Ägyptischen Nationalbibliothek Dār al-Kutub al-Miṣrīya unter dem Katalogeintrag *taṣawwuf* 367.[2] Dies ist das bislang einzig bekannte Manuskript des Werks und es war die Grundlage der von mir 1958 in Kairo publizierten arabischen Ausgabe.[3] Obwohl dieses Manuskript Abū 'Abd Allāh Muḥammad ibn 'Alī [al-Ḥakīm] at-Tirmidhī als Autor nennt, haben mehrere Gelehrte diese Zuschreibung infrage gestellt.[4] Ungeachtet

1. Siehe: "A Sufi Psychological Treatise" in *The Muslim World,* Band LI (1961), Ausgaben 1–4.

2. Siehe: *Fihris al-kutub al-'arabīya al-maudschūda bi al-dār,* Kairo 1924, I, 345.

3. Abū 'Abd Allāh Muḥammad ibn 'Alī al-Ḥakīm at-Tirmidhī: *Bayān al-farq bayn as-ṣadr wa al-qalb wa al-fu'ād wa al-lubb,* herausgegeben von Nicholas Heer, Kairo 1958. Den arabischen Text finden Sie im vorliegenden Buch auf den Seiten 166–96.

4. Siehe 'Abd al-Fattāḥ 'Abd Allāh Barakah: *Al-Ḥakīm at-Tirmidhī wa nazarīyatuhu fī al-wilāyah,* Kairo 1971, Seite 10. Siehe ebenfalls die folgenden Hinweise in Werken von Bernd Radtke: *Al-Ḥakīm at-Tirmidī: Ein islamischer Theosoph des 3./9. Jahrhunderts,* Freiburg 1980, Seiten 70–71; »Theologen und Mystiker in Ḫurāsān und Transoxanien« in *Zeitschrift der deutschen morgenländischen Gesellschaft,* Band 136 (1986), Seiten 555–556; und *The Concept of Sainthood in Early Islamic Mysticism: Two Works by al-Ḥakīm al-Tirmidhī,* Richmond, Surrey, 1996, Seite 5.

Das stärkste Argument, die *Bayān al-farq* nicht at-Tirmidhī zuzuschreiben, lautet, dass die darin erläuterte psychologische Systematik mit ihrer Unterteilung des Herzens in vier Stationen in keinem anderen Werk at-Tirmidhīs wiederholt oder auch nur erwähnt wird. Eine ähnliche vierfache Unterteilung des Herzens wie in der *Bayān al-farq* beschreibt Abū al-Ḥasan an-Nūrī (gestorben 907/295) in seiner *Risālat maqāmāt al-qulūb* (siehe dazu Paul Nwiyas Ausgabe dieses Werks in *Mélanges de l'Université Saint-Joseph,* Band XLIV (1968), Seiten 117–154, und

der wahren Identität seines Autors ist das Buch von bedeutendem Interesse, nicht nur aufgrund seiner präzisen und detaillierten Beschreibung des Herzens und seiner Bestandteile, sondern auch wegen seiner überzeugenden Darstellung der sufischen Gotteserfahrung.

Al-Ḥakīm at-Tirmidhī wirkte in Chorasan und Transoxanien während des neunten Jahrhunderts nach christlicher beziehungsweise des dritten Jahrhunderts nach islamischer Zeitrechnung. Er wird in den meisten arabischen und persischen biografischen Quellen erwähnt,[5] doch enthalten diese, abgesehen von den Namen seiner Lehrer und Schüler sowie den Titeln einiger seiner wichtigsten Werke, nur sehr wenige Informationen über sein Leben. Es findet sich kein Geburtsdatum, und die Angaben zu seinem Todesjahr reichen von 869/255 bis 932/320.[6]

Seine Autobiografie, *Bad'scha'n abī 'abd Allāh,*[7] beschreibt größtenteils die Träume seiner Ehefrau und enthält nur wenige Informationen zu at-Tirmidhī selbst. Daraus erfahren wir, dass er seine Studien im Alter von acht Jahren aufnahm und dass diese die Hadith-Lehre (*'ilm al-āthār*) sowie die Jurisprudenz (*'ilm ar-ra'y*) umfassten. Mit siebenundzwanzig Jahren machte er sich auf die Pilgerfahrt nach Mekka und verbrachte auf dem Hinweg einige Zeit im Irak, wo er überlieferte Hadithe sammelte.

insbesondere Seiten 130–131, sowie ANNEMARIE SCHIMMEL: *Mystische Dimensionen des Islam: Die Geschichte des Sufismus,* München: Diederichs, 1995, Seite 192.) Demgemäß wäre also vielleicht an-Nūrī der Autor der *Bayān al-farq*. Ein weiteres starkes Argument gegen die Urheberschaft at-Tirmidhīs, das mir von Bernd Radtke in einer E-Mail genannt wurde, ist der häufige Gebrauch von gereimter Prosa (*sadsch'*) besonders gegen Ende des Buches. Reimprosa war kein Charakteristikum von at-Tirmidhīs Stil. Das stärkste Indiz für eine Zuschreibung an at-Tirmidhī liegt schlicht und einfach in der Tatsache, dass das einzige bekannte Manuskript des Werks ihn als Autor ausweist. Vielleicht werden in Zukunft weitere Manuskripte auftauchen, die seine Autorschaft ein für alle Mal klären.

5. Siehe NICHOLAS HEER: "Some Biographical and Bibliographical Notes on al-Ḥakīm al-Tirmidhī" in *The World of Islam,* Seiten 121–127.

6. Bernd Radkte datiert seinen Tod irgendwann zwischen 907/295 und 922/310. Siehe dazu sein Buch *Al-Ḥakīm at-Tirmidī,* Seiten 16–38.

7. Ein Faksimile des Manuskripts dieses Werks (Ismā'īl Ṣā'ib 1571, 9, Blatt 217b–218a) findet sich zusammen mit einer deutschen Übersetzung in BERND RADTKE: »Tirmidiana Minoria« in *Oriens,* Band 34 (1994), Seiten 242–277. Eine englische Übersetzung ist zu finden in BERND RADTKE und JOHN O'KANE: *The Concept of Sainthood in Early Islamic Mysticism: Two Works by al-Ḥakīm al-Tirmidhī,* Richmond, Surrey, 1996.

Nach seiner Ankunft in Mekka gelangte er zu aufrichtiger Reue und betete zu Gott, Er möge ihn vom Hingezogensein zu dieser Welt bewahren. Dort verspürte er auch den starken Wunsch, den Koran auswendig zu lernen, und begann damit auf seiner Rückreise. Nach seiner Heimkehr suchte er erfolglos nach jemandem, der ihn auf dem Pfad der Rechtschaffenheit führen könnte, bis er von den Leuten der Erkenntnis oder den Menschen der Erkenntnis (*ahl al-maʿrifa*) hörte und auf ein Buch eines gewissen al-Anṭākī stieß, aus dem er etwas über Selbstbeherrschung (*riyāḍat an-nafs*) lernte. Während jener Zeit verbrachte er viele Stunden allein in der Wüste und hatte schon bald verschiedene Visionen und Offenbarungen.

Als Nächstes berichtet at-Tirmidhī vom Durchleben einer Phase der Versuchung und der Bedrücktheit, während der er fälschlicherweise beschuldigt wurde, häretischen Lehren anzuhängen, Weissagungen zu behaupten, über die Liebe zu dozieren und sein Umfeld damit anzustecken. Die Anschuldigungen wurden vor den Wali von Balch gebracht, der anordnete, er solle seine Vorträge über die Liebe unterlassen. At-Tirmidhī beschreibt indes, diese Zeit der Prüfung habe zur Läuterung seines Herzens und zur Disziplinierung seines Selbsts geführt. Später schildert er, aufgrund eines im Land ausgebrochenen Aufstands seien alle seine Ankläger zur Flucht gezwungen worden. Er erwähnt auch, dass er einmal den Gebrauch des Astrolabiums erlernt habe. Das einzige in seiner Autobiografie verzeichnete Datum ist dasjenige vom »zehnten Tag vor Ende des Dhū al Qa'dah« [des elften Monats des islamischen Kalenders] im Jahr 883/269 als dem Tag eines Traumes seiner Frau.

At-Tirmidhī war ein produktiver Autor, dem rund sechzig Titel zugeschrieben werden. Die meisten davon sind als Manuskripte erhalten und viele wurden mittlerweile editiert und publiziert.[8]

۞

Die nachfolgend übersetzte *Bayān al-farq* präsentiert ein auf dem Sufismus basierendes psychologisches System der Interaktion zwischen dem Herzen (*qalb*) und dem Selbst (*nafs*). Wie wir sehen werden, leiten sich alle seine Grundelemente, Konzepte und Be-

8. Für eine Auflistung seiner Werke siehe BERND RADTKE: *Al-Ḥakīm at-Tirmidhī,* Seiten 39–58; FUAT SEZGIN: *Geschichte des arabischen Schrifttums,* I, Seiten 653–659; NICHOLAS HEER: "Some Biographical and Bibliographical Notes on al-Ḥakīm al-Tirmidhī", Seiten 121–134; sowie OTHMAN YAHYA: «L'Œuvre de Tirmidhi» in *Mélanges Louis Massignon,* III, Seiten 411–479.

grifflichkeiten aus dem Koran und der Überlieferung (*ḥadīth*) her. Deren Arrangement zu einem ziemlich kohärenten System indes entspringt dem kreativen Denken des Autors.

Gemäß diesem System wird das Herz als bestehend aus vier Teilen oder Stationen (*maqāmāt*) beschrieben. Diese sind, angeordnet in konzentrischen Sphären von außen nach innen, die Brust (*ṣadr*), das eigentliche Herz (*qalb*), das innere Herz (*fu'ād*) und schließlich der Herzensverstand (*lubb*) [auch: der Kern, das Mark oder der Kopf]. Innerhalb des Verstandes finden sich weitere Stationen, die sich jedoch aufgrund ihrer Feinheit der Beschreibung durch Worte entziehen.[9]

Jede dieser Stationen des Herzens hat ihre besonderen Eigenschaften und Funktionen. So ist beispielsweise die Brust (*ṣadr*) die Wohnstätte oder der Sitz des Lichts der Hingabe (*nūr al-islām*). Ebenso ist sie der Verwahrungsort jenes Wissens (*'ilm*), das es braucht, um den Islam zu praktizieren, wie etwa der Kenntnis des Korans, der prophetischen Tradition und des Ritus oder der Wegweisung (*scharī'a*) des religiösen Gesetzes.

Das eigentliche [oder äußere] Herz (*qalb*), das sich innerhalb der Brust befindet, ist der Wohnsitz des Lichts des Glaubens (*nūr al-īmān*); wobei der Glaube die Anerkennung der Wahrheit von Gottes Offenbarung durch das Herz ist. Das [äußere] Herz ist auch der Verwahrungsort dessen, was der Autor »wertvolles« oder »nützliches Wissen« (*'ilm an-nāfi'*) nennt. Dabei handelt es sich um eine innere Erkenntnis der Wirklichkeit, die uns nur von Gott gewährt werden kann. Wir können sie nicht aus Büchern oder von einem Lehrer oder einer Lehrerin lernen, so wie es bei jener Art von Wissen der Fall ist, die mit der Brust in Beziehung steht.

Das innere Herz (*fu'ād*) ist der Sitz des Lichts der Erkenntnis (*nūr al-ma'rifa*) und wird assoziiert mit der Vision oder Schau (*ru'ya*) der Wirklichkeit. Während das [äußere] Herz lediglich das Wissen über die Realität besitzt, schaut das innere Herz die Wirklichkeit tatsächlich.

Der Herzensverstand (*lubb*), die innerste Sphäre des Herzens, ist der Sitz des Lichts der Vereinigung (*nūr at-tauḥīd*). Er ist der Kern der äußeren drei Sphären und der Empfänger der Gnade und der Freigiebigkeit Gottes.

9. Ähnliche Beschreibungen des Herzens sind zu finden in Abū al-Ḥasan an-Nūrī: *Risālat maqāmat al-qulūb*, Seiten 130–131; sowie in Abū Manṣūr al-Māturīdī: *Scharḥ al-fiqh al-akbar*, Seite 7.

Jede dieser vier Stationen des Herzens steht in Beziehung zu einer der vier spirituellen Stationen des Sufi-Weges. So entsprechen die Brust und das Licht der Hingabe der ersten Station: derjenigen der Muslima oder des Muslims. Das eigentliche Herz und das Licht des Glaubens entsprechen dem oder der Gläubigen (*mu'min*). Das innere Herz und das Licht der Erkenntnis entsprechen der oder dem Wissenden (*'ārif*). Und der Herzensverstand und das Licht der Vereinigung entsprechen der höchsten Station: derjenigen des Bekenners oder der Bekennerin der Einheit (*muwaḥḥid*).

Das Selbst (*nafs*) andererseits ist nicht Teil des Herzens, sondern etwas davon Getrenntes, und sitzt im Bauch. Es ist wie heißer Rauch und die Quelle übler Wünsche und Leidenschaften. Werden diese nicht durch spirituelle Selbstbeherrschung im Zaum gehalten, entfliehen sie dem Selbst, dringen in die Brust hinauf und erfüllen sie mit Rauch. Dieser verdunkelt das Licht des Glaubens im Herzen, sodass es die Brust nicht länger zu erleuchten vermag. Ihres Lichts beraubt, kann daraufhin die Brust ihrerseits nicht mehr ihre eigentliche Funktion erfüllen und gerät unter die Herrschaft des Selbsts. Das Selbst hingegen vermag nicht, das Herz zu beeinflussen; das Glaubenslicht in dessen Inneren leuchtet kräftig weiter, auch wenn es von den in die Brust eingedrungenen dunklen Leidenschaften getrübt wird.

Durch Beherrschung (*riyāḍa*) jedoch kann das Selbst unter Kontrolle gebracht werden, sodass es vier Stationen durchlaufen muss, die mit den vier spirituellen Entwicklungsstationen des Sufis korrespondieren. Das noch undisziplinierte, zum Übel verführende oder niedere Selbst (*nafs al-ammāra bi al-sū'*) entspricht der Station des Muslims oder der Muslima. Das inspirierte Selbst (*nafs al-mulhama*) ist bereits etwas weniger übel und entspricht der Station des oder der Gläubigen (*mu'min*). Das tadelnde Selbst (*nafs al-lawwāma*) ist das Selbst des oder der Wissenden (*'ārif*), und das beruhigte oder vertrauende Selbst (*nafs al-muṭma'inna*) ist dasjenige des Bekenners oder der Bekennerin der Einheit (*muwaḥḥid*).

Die Hauptelemente des Systems lassen sich also folgendermaßen darstellen (siehe Tabelle auf der nächsten Seite):

Brust (*ṣadr*)	[äußeres] Herz (*qalb*)	inneres Herz (*fu'ād*)	Herzens-verstand/-kern (*lubb*)
Licht der Hingabe (*nūr al-islām*)	Licht des Glaubens (*nūr al-īmān*)	Licht der Erkenntnis (*nūr al-ma'rifa*)	Licht der Vereinigung (*nūr at-tauḥīd*)
Muslim/a (*muslim*)	Gläubige/r (*mu'min*)	Wissende/r (*'ārif*)	Einheits-bekenner/in (*muwaḥḥid*)
Kenntnis der Wegweisung (*scharī'a*)	inneres Wissen	Schau oder Vision (*ru'ya*)	Gnade und Freigiebigkeit Gottes
niederes Selbst (*nafs al-ammāra*)	inspirierendes Selbst (*nafs al-mulhama*)	tadelndes Selbst (*nafs al-lawwāma*)	beruhigtes Selbst (*nafs al-muṭma'inna*)

In der folgenden Übersetzung sind Wörter und Satzteile, die ich zur Erklärung der Bedeutung des arabischen Textes eingefügt habe, in eckige Klammern gesetzt. Die Seitenzahlen der von mir publizierten arabischen Ausgabe sind in geschweiften Klammern angegeben.

Die Koranzitate werden in den Fußnoten identifiziert unter Zuhilfenahme des Werks *al-Mu'dscham al-mufahras li alfāẓ al-Qur'ān al-karīm* von Muḥammad Fu'ād 'Abd al-Bāqī. Die Übersetzung der Verse basiert zur Hauptsache auf der englischen Koranausgabe von Marmaduke Pickthall, mitunter aber auch auf derjenigen von A. J. Arberry; an einigen Stellen verwende ich meine eigene Version, um einen Vers in Konsistenz mit meiner Übersetzung des Textes des Autors wiederzugeben.[10]

10. Für die deutsche Wiedergabe der Koranstellen wurden im Allgemeinen die Übersetzungen von Rudi Paret (1966, KP), von Nadeem Elyas und Frank Bubenheim (ab 1980, KE), von Adel Theodor Khoury (1987, KK), von Mirza Tahir Ahmad (1989, KT) sowie von Max Henning und Wilfried Hofmann (1998, KH) herangezogen [Anmerkung der deutschen Übersetzer].

In den Fußnoten habe ich ebenfalls versucht, alle im Text zitierten überlieferten Prophetenworte zu identifizieren. Die in einer der neun kanonischen Sammlungen enthaltenen Hadithe wurden auf Basis der von Sakhr Software publizierten CD-ROM *Mausūʿat al-ḥadīth al-scharīf* benannt. Zusätzlich habe ich mich auf die *Concordance et Indices de la Tradition Musulmane* von A.J. Wensinck gestützt. Die Nummerierung der einzelnen Hadithe entspricht derjenigen von Sakhr. Einige der nicht-kanonischen Überlieferungen fand ich im Werk *Kanz al-ʿummāl fī sunan al-aqwāl wa al-afʿāl* von al-Muttaqī; deren Nummerierung folgt der Ausgabe von Hyderabad von 1894–1896.

Bei der Überarbeitung meiner ersten englischen Übersetzung des Textes wurde mir klar, dass auch die arabische Version (siehe Seiten 166–96) einer Durchsicht bedurfte. Wie ich in meinen Einleitungen zu dieser und auch zur englischen Übertragung angemerkt hatte, ist das arabische Manuskript des Werks nachlässig geschrieben und voller Fehler. Einige von diesen sind offensichtlich, andere weniger. In meiner Ausgabe des arabischen Textes konnte ich viele dieser Fehler korrigieren, doch einige wurden mir erst bei der Vorbereitung dieser Neuübersetzung klar. Dementsprechend habe ich den arabischen Text an einigen Stellen weiterer Korrekturen unterzogen, die am Ende des Buches (Seiten 168–169) aufgelistet sind.

Ich bin vielen Menschen dankbar, die auf die eine oder andere Art zur Veröffentlichung dieses Buches beigetragen haben.

Professor A.J. Arberry machte mich im Rahmen meines Gaststudiums an der Universität Cambridge im Jahr 1953 mit dem arabischen Text der *Bayān al-farq* bekannt. Mehrere Monate lang las er mit mir zusammen eine Fotokopie des gesamten Werks, die mir Jean Watson, die stellvertretende Leiterin der Bibliothek des India Office in London, ausgeliehen hatte.

Im darauffolgenden Jahr, als ich nach Princeton zurückgekehrt war und mich entschieden hatte, eine editierte Version sowie eine Übersetzung des Werks als meine Dissertation zu veröffentlichen, half mir mein Kommilitone ʿAbduh ʿAbd al-Raḥmān al-Khawlī bei einigen Problemen der Entzifferung des arabischen Manuskripts. Professor Farhat Ziadeh, Vorsitzender meines Dissertationskomitees, las sowohl die arabische Ausgabe als auch die Übersetzung und steuerte viele wertvolle Verbesserungsvorschläge bei.

In Kairo assistierte mir 1958 Nūr al-Dīn Shuraybah bei der Vorbereitung des arabischen Textes für die Publikation, und 1961 bot mir Elmer Douglas, der damalige Herausgeber von *The Muslim World,* freundlicherweise die Veröffentlichung der englischen Übersetzung in vier aufeinanderfolgenden Ausgaben seiner Zeitschrift an.

Farhat Ziadeh war mir wiederum sehr behilflich bei einigen textlichen Schwierigkeiten, die im Rahmen einer erneuten Durchsicht meiner Übersetzung für das vorliegende Buch auftauchten. Und Bernd Radtke verdanke ich einige großzügige Antworten auf meine Fragen hinsichtlich der Zuschreibung der *Bayān al-farq* an at-Tirmidhī. Dankbar bin ich natürlich auch Gray Henry und Neville Blakemore, die durch ihre Neuausgabe bei Fons Vitae dieses Buch einer breiteren Öffentlichkeit wieder zugänglich gemacht haben.

Abschließend müssen noch ein paar Worte gesagt werden zu der Kette von Ereignissen, die zur vorliegenden Veröffentlichung geführt haben. Auf einer Reise nach Pakistan lernte Nūr al-Dīn Shuraybah 1959 Abdul Aziz kennen, einen vom Hinduismus zum Islam Konvertierten, der leidenschaftlich am Sufismus interessiert war. Abdul Aziz stand im Kontakt mit vielen der prominenten Orientalisten der damaligen Zeit, unter andern mit Louis Massignon, Serge de Beaurecueil, Ahmet Ateş und Annemarie Schimmel. Shuraybah erwähnte gegenüber Abdul Aziz, dass ich kurz zuvor eine Ausgabe der *Bayān al-farq* veröffentlich hatte, worauf dieser mit mir in Korrespondenz trat.

Abdul Aziz war ebenfalls sehr an christlicher Mystik interessiert und schrieb 1960, auf Vorschlag von Louis Massignon, an Thomas Merton, den amerikanischen Zisterziensermönch in der Trappistenabtei Our Lady of Gethsemani in Kentucky. Die beiden blieben miteinander in Korrespondenz bis zu Mertons Tod 1968.[11] Im Jahr 1962, nach der Publikation meiner ursprünglichen Übersetzung der *Bayān al-farq* in der Zeitschrift *The Muslim World,* hatte ich diese an Abdul Aziz gesandt. Er war darüber so erfreut, dass er Elmer Douglas bat, Thomas Merton eine Kopie zu senden. Dieser scheint davon sehr angetan gewesen zu sein, denn nach seinem Tod fand sich in seinen Unterlagen diese Kopie mit vielen schriftlichen Randnotizen aus seiner Hand. Es war diese, mit Mertons

11. Zur Korrespondenz zwischen Thomas Merton und Abdul Aziz siehe den Beitrag von Sidney H. Griffith in der Anthologie *Thomas Merton und der Sufismus* [Arbeitstitel], Xanten: Chalice Verlag, 2022.

Kommentaren versehene Kopie meiner Übersetzung der *Bayān al-farq*, welche die Aufmerksamkeit von Gray Henry und Rob Baker erregte und sie ermunterte, nicht nur einen Auszug daraus in ihre Anthologie *Thomas Merton und der Sufismus* aufzunehmen, sondern auch die ganze Übersetzung im vorliegenden Buch zu veröffentlichen.

Nicholas Heer

Bild auf der nächsten Seite:
Folio 2a des Manuskripts der Bayān al-farq

وهو داخل موضع الماء وكالفتيلة هي التي يكون فيها النور
وكما موضع الفتيلة دهن ليس فيه ماء و مثل هذا يطول
من الاشياء كلها اذا نقص منها واحد فسد ما سواه و
كذلك اسم اللوز اسم جامع للقشر الخارج الذي فوق
القشر الصلب والقشر الثاني الذي هو مثل النظم والمخ
واللب الذي فيه والدهن الذي في داخل اللب فاعلم
زادك الله فقها في الدين ان لهذا الدين اعلاما ومنارا
ولاهله فيه مراتب واهل العلم فيه على درجات قال الله
تعالى ورفعنا بعضهم فوق بعض درجات وقال وفوق
كل ذي علم عليم وكل علم هو ارفع موضعه في القلب
في موضع هو اكن واخص واحرز واخفى واستر ولكن
ذكر اسم القلب ينوب عن ذكر ساير المقامات عند عامة
الناس ولكن الصدر في القلب هو المقام من القلب
بمنزلة بياض العين في العين ومثل صحن الدار في الدار
ومثل الذي يحوط بمكة ومثل موضع الماء في القنديل ومثل
القشر الاعلى من اللوز الذي يخرج اللوز منه اذا يبس
في الشجر فهذا الصدر موضع دخول الوسواس والآفات
كما يصيب بياض العين آفة البثور وهيجان العرق
وساير علل الرمد وكما يوضع في صحن الدار من الحطب
والقماشات ويدخل فيها كل احد من الاجانب احيانا
وكما يدخل السباع والبهايم في ساحة الحرم وكما يقع

Aufklärung über den Unterschied zwischen der Brust, dem äußeren Herzen, dem inneren Herzen und dem Herzensverstand

{33} Im Namen Gottes, des Gnädigen und Barmherzigen. Mein Herr, unterstütze mich [bei der vor mir liegenden Aufgabe] und hilf mir [dabei].

Abū 'Abd Allah Muḥammad ibn 'Alī at-Tirmidhī sagt: Einer der Menschen von Wissen (*'ilm*) und Verständnis (*fiqh*) bat mich, den Unterschied zu erläutern zwischen der Brust (*ṣadr*), dem [äußeren] Herzen (*qalb*), dem inneren Herzen (*fu'ād*) und dem Herzensverstand (*lubb*), und zu erklären, was innerhalb des Herzbeutels [oder des Perikards] jenseits von diesen liegt, sowie auch die Orte des Wissens (*mawāḍi' al-'ulūm*) zu erörtern. Mit der Hilfe Gottes will ich versuchen, ihm [diese Unterschiede] darzulegen, denn Er ist der Unterstützer bei allem, was schwierig ist, und bei Ihm suche ich Hilfe.

TEIL EINS

Die Stationen des Herzens[1]

Wisse, möge Gott dein Glaubensverständnis weiten, dass der Begriff »Herz« (*qalb*) ein umfassender ist und [in seiner Bedeutung] alle verborgenen inneren Stationen (*maqāmāt al-bāṭin*) einschließt, denn im Inneren des Menschen finden

1. Das Manuskript enthält keine Zwischentitel; diese stammen von mir.

sich Orte, die außerhalb des Herzens liegen, und Orte, die sich darin befinden. Das Wort »Herz« ist ähnlich wie das Wort »Auge« (*'ayn*), denn »Auge« schließt [in seiner Bedeutung] das ein, was sich zwischen den beiden Wimpern befindet, so wie das Weiße [Teil] und das Schwarze [Teil] des Auges, die Pupille und das Licht innerhalb der Pupille. Jeder dieser Teile hat eine eigene Bestimmung (*ḥukm*) und eine Bedeutung, die ihn von den anderen unterscheidet. Nichtsdestotrotz unterstützen einige von ihnen einige der anderen, und der Nutzen von einigen kommt einigen der anderen zugute. Darüber hinaus ist jeder im Äußeren Grundlage dessen, was aus ihm im Inneren folgt. Daher hängt die Aufrechterhaltung des Lichts [der Pupille] von der Aufrechterhaltung der anderen [Teile des Auges] ab.

In ähnlicher Weise ist das Wort »Heimstätte« (*dār*) ein umfassender Begriff für das, was innerhalb ihrer Mauern enthalten ist, wie etwa das Tor, die Galerie, der Innenhof, und für das, was sich in diesen Gebäudeteilen befindet, wie der Schrank und die Vorratskammer. {34} Jeder Ort und jeder Platz darin hat eine eigene Bestimmung, die sich von der seines Nachbarn unterscheidet.

Ebenso ist das Wort *ḥaram* ein Begriff, der den heiligen Bezirk um Mekka[2] einschließt wie auch die Stadt selbst, die Moschee und das »altehrwürdige Haus« (*al-bayt al-'atīq*);[3] und an jedem dieser Orte gibt es [Wallfahrts]Stationen (*manāsik*), die sich von denen anderenorts unterscheiden.

Und auch das Wort »Lampe« (*qindīl*) ist ein Begriff, der das Glas [sowie die weiteren Bestandteile] der Lampe mit einschließt. Innerhalb der Lampe ist die Position des Wassers eine andere als die des Dochtes,[4] und die Lage des Dochtes

2. Für eine Karte des heiligen Bezirks um Mekka siehe R. Bayly Winders Abschnitt im Artikel "Makka" in *The Encyclopedia of Islam,* Band VI, Seite 165.

3. Das heißt die Kaaba; siehe Koran 22:29 und 22:33.

4. Die Rede ist von einer Lampe nach dem Prinzip des Schwimmlichtes, wie es seit der Antike weitherum gebräuchlich war. Ein Gefäß wird erst mit Wasser und danach mit Öl befüllt, auf welchem der Dochthalter schwimmt [A.d.d.Ü.].

ist eine andere als die des Wassers, denn die Stellung des Dochtes befindet sich innerhalb der Stellung des Wassers. Zudem enthält der Docht das Licht, und am Ort des Dochtes ist auch das Öl, das kein Wasser enthält. Also hängt die Zuverlässigkeit der Lampe von der Zuverlässigkeit all dieser Dinge ab, und wenn eines von ihnen fehlt, werden die anderen unzuverlässig.

Auf vergleichbare Art stellt das Wort »Mandel« (*lauz*) einen Begriff dar, welcher ebenso die äußere Schale umfasst, die über der Hartschale liegt, wie auch diese zweite Schale selbst, die einem Knochen gleicht, sowie die Nuss oder den Kern innerhalb dieser Schale und auch das Öl, das sich im Kern befindet.

Wisse, möge Gott dein Glaubensverständnis vertiefen, dass dieser Glaube Wegweiser und Zwischenstationen bereithält, dass seine Leute von [unterschiedlicher] Stellung sind und dass die ihm angehörenden Menschen von Wissen (*ahl al-ʿilm*) [mannigfache] Ränge bekleiden. Gott sagte: *»Wir haben [...] den einen von ihnen einen höheren Rang verliehen als den anderen.«*[5] Und Er sagte auch: *»Über jedem, der Wissen hat, ist einer, der [noch mehr] weiß.«*[6] Daher ist der Rang einer höheren Wissenschaft auch im Herzen geheimer, spezieller, geschützter, verborgener und verschleierter. Dennoch ist unter den gewöhnlichen Leuten die Erwähnung des Wortes »Herz« gleichbedeutend mit der Erwähnung aller anderer seiner Stationen (*maqāmāt*).

{35} In Bezug auf das Herz ist die Brust (*ṣadr*) jene Station (*maqām*) des Herzens, die dem Augenweiß im Auge entspricht, dem Innenhof in der Heimstätte, dem [heiligen Bezirk] um Mekka herum, der Lage des Wassers in der Lampe und der äußeren Schale der Mandel, aus der die Mandel selbst hervortritt, wenn sie am Baum trocknet.

5. Koran 43:32 KP.
6. Koran 12:76 KP.

Die Brust ist der Ort, an dem üble Einflüsterungen (*was-wās*) und Unheil (*āfāt*) eintreten, so wie das Weiß des Auges Schaden nehmen kann durch verderbliche Eiterbläschen, entzündete Äderchen und all die anderen Augenkrankheiten (*'ilal ar-ramad*). Ebenso werden im Innenhof der Heimstätte Feuerholz und Abfälle deponiert und allerlei Fremde treten von Zeit zu Zeit dort ein. Und im gleichen Sinne dringen Raubtiere und Vieh in den offenen Bereich des *ḥaram* ein, und Motten und andere [Insekten] fallen ins Wasser der Lampe, denn das Öl schwimmt über dem Wasser und das Wasser nimmt die niedrigste Stellung [in der Lampe] ein. In ähnlicher Weise krabbeln Insekten, Mücken und Fliegen in die äußere Hülle der Mandel, wenn sie aufspringt, worauf auch Ungeziefer hineingelangt.

Was in die Brust eintritt, wird nur selten sogleich gefühlt. Die Brust ist das Eingangstor von Wut (*ghill*), Begierden (*schahawāt*), Wünschen (*munā*) und Bedürfnissen (*ḥādsch-āt*). Es gibt Zeiten, da sie sich zusammenzieht, und andere Zeiten, da sie sich ausdehnt. Sie ist auch der Ort, an dem das zum Übel verführende niedere Selbst (*nafs al-ammāra bi al-sū'*) seine Herrschaft ausübt, denn das Selbst dringt in die Brust ein, wo es sich mit Dingen beschwert, stolz wird und seine eigene Macht zur Schau stellt. Die Brust ist auch der Sitz des Lichts der Hingabe (*nūr al-islām*) wie auch der Bewahrungsort von Wissen, das gehört wird (*'ilm al-masmū'*) und gelernt werden muss, etwa rechtliche Beurteilungen (*aḥkām*) und [prophetische] Überlieferungen (*akhbār*), und all dessen, {36} was mit der Zunge ausgedrückt werden kann, denn die erste Voraussetzung, es zu erlangen, besteht darin, zu studieren und [einem Lehrer oder einer Lehrerin] zuzuhören.

Die Brust (*ṣadr*) wird so genannt, weil sie der Vorderteil (*ṣadr*) des Herzens und dessen erste Station (*maqām*) ist, genauso wie der *ṣadr* des Tages dessen frühe Morgenzeit ist oder der Innenhof der Heimstätte deren erster Platz. Von ihr gehen verführerische Leidenschaften (*wasāwis al-ḥawā'idsch*) aus; und ablenkende Gedanken (*fikar al-aschghāl*) dringen, wenn sie sich über längere Zeit aufgebaut haben, von ihr ins Herz.

Das eigentliche [oder äußere] Herz (*qalb*) ist die zweite Station. Es befindet sich innerhalb der Brust und ist wie das Schwarze [Teil] des Auges im Auge, während die Brust wie das Weiße ist. Das [äußere] Herz gleicht auch der Stadt Mekka innerhalb des heiligen Bezirks [der sie umgibt], so wie die Position des Dochtes innerhalb der Lampe oder die des Hauses innerhalb der Heimstätte oder die der Mandel innerhalb der äußeren Hülle.

Das [äußere] Herz ist der Sitz (*ma'din*) des Lichts des Glaubens (*nūr al-īmān*) und der Lichter der Unterordnung (*khuschū'*), der Gottesfurcht (*taqwā*), der Liebe (*maḥabba*), der Zustimmung (*riḍā'*), der Gewissheit (*yaqīn*), der Furcht (*khawf*), der Hoffnung (*radschā'*), der Geduld (*ṣabr*) und der Zufriedenheit (*qanā'a*). Es ist der Sitz der Grundlagen des Wissens (*uṣūl al-'ilm*), denn es gleicht einem Wasserquell, und die Brust ist wie dessen Weiher; und so wie das Wasser aus der Quelle in den Weiher fließt, entspringt auch das Wissen aus dem Herzen [und fließt] in die Brust. Doch Wissen gelangt auch durch [den Sinn des] Hören[s] (*sam'*) in die Brust. Aus dem Herzen erheben sich Gewissheit (*yaqīn*), Wissen (*'ilm*) und Absicht (*nīya*) und gelangen dann in die Brust, denn das Herz ist die Wurzel (*aṣl*), und die Brust ist der Ast (*far'*). Und der Ast wird nur durch die Wurzel stark.

Der Gesandte Gottes sagte: {37} »Die Taten werden entsprechend dem Vorsatz bewertet«,[7] und erklärte, dass der

7. Ein Hadith, der verzeichnet wird von al-Bukhārī (*bad' al-waḥy* 1, *al-īmān* 52, *al-'itq* 2344, *al-manāqib* 3609, *an-nikāḥ* 4682, *al-aymān wa an-nudhūr* 6195, *al-ḥiyal* 6349), von Muslim (*al-imārah* 3530), von at-Tirmidhī (*faḍā'il al-dschihād* 1571), von an-Nasā'ī (*at-ṭahāra* 74, *at-ṭalāq* 3383, *al-aymān wa an-nudhūr* 3734), von Abū Dāwūd (*at-ṭalāq* 1882), von Ibn Mādscha (*al-zuhud* 4217) und von Aḥmad ibn Ḥanbal (*musnad al-'aschara al-mubaschscharīn bi al-dschanna* 163, 283). Siehe auch Wesnick: *Concordance*, VII, 55.

Wert einer vom Selbst (*nafs*) ausgeführten Tat entsprechend der Herzensabsicht zunimmt. So wird eine gute Tat gemäß der Absicht gewertet. Das Handeln gehört dem Selbst; und die Autorität des Selbsts ist lediglich auf die Brust beschränkt in Übereinstimmung mit der Absicht des [äußeren] Herzens und seiner Autorität. Doch das Herz ist aufgrund der Gnade Gottes nicht in der Hand des Selbsts, denn das Herz ist der König und das Selbst ist [sein] Königreich. Der Botschafter Gottes sagte: »Die zwei Hände sind zwei Flügel [einer Armee], die beiden Füße sind Kuriere, die beiden Augen sind eine Gruppe bewaffneter Kundschafter, die beiden Ohren sind Strafe, die Leber ist Gnade, die Milz ist Gelächter, die beiden Nieren sind Schlauheit und die Lunge ist List. Wenn also der König tugendhaft ist, sind es auch seine Truppen, und wenn der König verdorben ist, sind sie es ebenso.«[8] Der Gesandte Gottes erläutert also, dass das Herz ein König ist und dass die Brust für das Herz dasselbe ist wie das Feld für den Reiter.

Er wies darauf hin, dass die Gesundheit der Organe [des Körpers] von der Gesundheit des Herzens abhängt und deren Verderben vom Verderben des Herzens. Das Herz gleicht einem Docht, und die Tadellosigkeit des Dochtes [wird gemessen an] seinem Licht; und dieses Licht ist [in Bezug auf das Herz] das Licht der Gottesfurcht (*taqwā*) und der Gewissheit (*yaqīn*), denn fehlte dem Herzen dieses Licht, wäre es wie eine Lampe, deren Docht erloschen ist. Keine Handlung, die vom Selbst stammt ohne [Beteiligung durch] das Herz, wird vor dem jenseitigen Gericht angerechnet, und der oder die so Handelnde[9] wird nicht zur Rechenschaft gezo-

8. Siehe AL-MUTTAQĪ: *Kanz al-ʿummāl,* I, Nr. 1206–1207.

9. Der Autor verwendet, wie zu seiner Zeit und in seiner Kultur üblich, zumeist das (generische) Maskulinum von funktionalen Personenbezeichnungen, wie »der Diener«, »der Gläubige« und so weiter. Wir haben uns in diesen Fällen, im Hinblick auf die heutigen Lesegewohnheiten, dazu entschieden, die männliche Form um die in diesen Fällen selbstverständlich immer mitgemeinte weibliche zu ergänzen oder den Plural zu verwenden [A.d.d.Ü].

gen, falls es ein Akt des Ungehorsams, noch belohnt, falls es ein Akt des Gehorsams gewesen sein sollte. Gott sagte: *»Er belangt euch vielmehr wegen dessen, was euer Herz begeht.«*[10]

{38} Das Gleichnis des inneren Herzens (*fu'ād*), der dritten Station innerhalb des Herzens, entspricht dem Gleichnis der Pupille im schwarzen Teil des Auges, dem der Heiligen Moschee (*al-Masdschid al-Ḥarām*) in Mekka, dem des Schranks oder der Vorratskammer im Haus, dem des Dochtes an seiner Position inmitten der Lampe und dem des Kerns im Inneren der Mandel. Dieses innere Herz ist der Sitz der Erkenntnis (*ma'rifa*), der gedanklichen Eingebungen (*khawāṭir*) und der Schau (*ru'ya*). Wann immer ein Mensch begünstigt wird, zuerst wird sein inneres Herz begünstigt, dann sein Herz. Das innere Herz liegt mitten im eigentlichen Herzen (*qalb*), welches seinerseits inmitten der Brust sitzt, so wie die Perle im Inneren der Muschel liegt.

Das Gleichnis des Herzensverstandes (*lubb*) im inneren Herzen (*fu'ād*) entspricht dem Gleichnis des Lichts der Vision im Auge, dem des Lampenlichts im Docht der Lampe sowie dem des Fetts, das im Mandelkern verborgenen ist. Jedes dieser äußeren Dinge ist ein Schutz und eine Hülle dessen, was ihm auf seiner Innenseite folgt. Jedes gleicht den anderen, denn sie sind ähnliche Gebilde, die zusammenarbeiten und miteinander bedeutungsverwandt sind. Eher stimmen sie miteinander überein, als dass sie sich widersprechen, denn sie sind die Lichter des Glaubens (*anwār ad-dīn*), und der Glaube ist eins, obwohl die Stellungen seiner Leute unterschiedlich und mannigfaltig sind. Der Herzensverstand ist der Sitz des Lichts der Vereinigung (*nūr at-tauḥīd*) wie auch des Lichts der Einzigartigkeit (*nūr at-tafrīd*), und dieses ist das vollkommenste Licht und die größte Kraft.

Jenseits davon gibt es weitere subtile Stationen (*maqāmāt laṭīfa*), edle Orte (*amkina scharīfa*) und vornehme Feinheiten (*laṭā'if ẓarīfa*). Die Wurzel all dieser ist jedoch das Licht der

10. Koran 2:225 KP.

Vereinigung (*nūr at-tauḥīd*), denn Vereinigung ist ein Geheimnis (*sirr*), und Erkenntnis ist eine Gabe (*birr*). Glaube (*īmān*) ist das Bewahren {39} des Geheimnisses und die Betrachtung (*muschāhada*) der Gabe.[11] Islam bedeutet Danksagung (*schukr*) für die Freigiebigkeit und Hingabe des Herzens an das Geheimnis, denn Vereinigung ist ein Geheimnis, [zu welchem] Gott Seine Dienerinnen und Diener führt und leitet, denn sie vermöchten es kraft ihres Verstandes (*'aql*) nicht zu verstehen, ohne dass Gott sie unterstützte und belehrte.

Erkenntnis (*ma'rifa*) ist eine Gabe, die Gott Seinen Dienern und Dienerinnen schenkt, wenn Er ihnen die Pforten des Segens und des Wohlwollens öffnet, zu Beginn, ohne dass die Dienerinnen und Diener dessen würdig wären; dann lässt Er ihnen Führung zuteilwerden, bis sie glauben, dass all dies von Gott stammt und ihnen gewährt wird als Gnade und Wohlwollen Dessen, Dem sie unfähig sind zu danken, außer mittels Seiner Hilfe. Und dies ist eine weitere Gunst, die Er ihnen gewährt.

So betrachten sie die Freigiebigkeit Gottes und bewahren Sein Geheimnis (*sirr*), denn Er ist der Gewährer von Unterstützung. Die Diener und Dienerinnen begreifen nicht die Art und Weise (*kayfīya*) Seiner Herrschaft (*rubūbīya*). Doch sie wissen, dass Er einer ist, und vermeiden es, Ihm Attribute zuzuschreiben (*taschbīh*)[12] oder abzusprechen (*ta'ṭīl*),[13] Ihm eine Art und Weise zu unterstellen (*takyīf*) oder der Ungerechtigkeit zu bezichtigen (*tadschnīf*). Das also ist Glaube,

11. *Muschāhada,* »Kontemplation« oder »Betrachtung«, ist ein Zustand, in dem der oder die Sufi Gott zu schauen vermag, Seine Eigenschaften und Taten sowie Seine unsichtbare Welt, einschließlich des Paradieses und des Höllenfeuers. Ein kurzes Kapitel über die Kontemplation findet sich in der *Kaschf al-maḥdschūb* von AL-HUDSCHWĪRĪ, auf Seiten 329–333 in Reynold A. Nicholsons Übersetzung. Siehe auch Nicholsons Ausgabe des *Kitāb al-luma'* von AL-SARRĀDSCH, Seiten 68–69.

12. Das heißt, Ihn mit etwas zu vergleichen, das anders wäre als Er.

13. Das heißt, Seine Eigenschaften zu verleugnen.

der die Freigiebigkeit [Gottes] betrachtet und das Geheimnis [von Ihm] bewahrt.

Islam jedoch bedeutet den Einsatz des Selbsts (*nafs*) in der Andacht Gottes durch Gehorsam Ihm gegenüber in Dankbarkeit und Rechtschaffenheit sowie die Übergabe der Herrschaft (*rubūbīya*) an Ihn. Es bedeutet Abwendung vom Begreifenwollen des Geheimnisses, Hinwendung zur Dienerschaft (*ʿubūdīya*) und Beharrlichkeit in dem, was uns Ihm näherbringt. Dies liegt daran, dass der Islam nur mit dem Selbst praktiziert wird, und das Selbst ist blind im Begreifen der Wahrheit (*ḥaqq*) und in deren Betrachtung.

Darüber hinaus ist das Selbst nicht dazu verpflichtet, Wirklichkeiten (*ḥaqāʾiq*) zu verstehen. Siehst du nicht, dass den Dienerinnen und Dienern Gottes das Gebot auferlegt wurde, von Herzen zu glauben, jedoch nicht die Pflicht, das, was sie glauben, hinsichtlich seiner Art und Weise (*kayfīya*) zu verstehen? Ihre Pflicht liegt einzig und allein darin, zu folgen und von der [selbst ersonnenen] Neuerung (*ibtidāʿ*) zu fliehen. Allein die Kapitulation genügt dem Selbst.

{40} Die unbeschreiblichen Stationen (*maqāmāt al-maskūt ʿanhā*), die jenseits derjenigen liegen, von denen wir einige bereits erwähnt haben, vermögen nur die Diener und Dienerinnen Gottes zu unterscheiden, denen [von Gott] geholfen wurde, diese [von uns] mittels der bekannten Gleichnisse beschriebenen Stationen zu verstehen, denn Gott hilft Seiner Dienerin und Seinem Diener und fördert ihr Verständnis. Diese jenseits der schon erwähnten liegenden Stationen gleichen der größeren Reinheit des Wassers, das [bereits einige Zeit] im Krug gestanden hat. Dank diesem Vergleich wird das unbeschreibliche Geheimnis (*sirr al-maskūt ʿanhu*) verstanden.

TEIL ZWEI

Die Brust

Wahrlich, die Gläubigen werden von ihrem Selbst (*nafs*) und seinen Begehrlichkeiten auf die Probe gestellt, denn dem Selbst wurden das Vermögen (*wilāya*) und die Aufgabe (*takalluf*) gegeben, in die Brust einzudringen. Der Wohnsitz des Selbsts liegt im Bauch und im Bereich der Taille. Es wird angeregt durch das Blut und die Kräfte des Unreinen (*nadschsa*), sodass die Dunkelheit seines Rauchs und die Hitze seines Feuers den Bauch erfüllen. Daraufhin tritt das Selbst mit seinen üblen Einflüsterungen (*waswās*) und niedrigen Gelüsten in die Brust ein als eine Prüfung Gottes für Seine Dienerinnen und Diener, sodass diese in ihrer bitteren Not und beständigen Demut ihren Herrn um Hilfe bitten, worauf Gott ihnen antwortet und das Übel von ihnen abwendet.

Auf dieselbe Weise dringt auch Satan (*schayṭān*) mit seiner bösen Versuchung (*waswasa*) in die Brust der Diener und Dienerinnen Gottes ein, denn er maßt sich Autorität an [innerhalb der] Grenzen [der Autorität] des Selbsts, da das verführende oder niedere Selbst (*nafs al-ammāra bi al-sū'*) dem Satan gleicht, und daher sind sie beide [Satan und das Selbst] Teufel. Gott sagte: *»Satane der Menschen und der Dschinn, von denen die einen den anderen, um [sie] zu betören, prunkendes Gerede eingeben.«*[1]

Gott hatte Erbarmen mit Seinen gläubigen Dienerinnen und Dienern und legte deren Herz nicht in die Hände ihres Selbsts. Durch Seine Barmherzigkeit beschützt Gott als deren Freund Seine Diener und Dienerinnen und stellt sie auf die Probe, {41} indem [Er] Satans Einflüsterungen in deren Brust gelangen [lässt], damit Er ihnen ein wenig über die Bedeutungslosigkeit von dessen Macht beibringen und ihnen ihre vollständige Abhängigkeit [von Gott] vor Augen führen

1. Koran 6:112 KP.

kann. Belegt wird dies durch das Gotteswort: *»Damit Gott prüft, was in eurer Brust ist«,*[2] was bedeutet, dass Er genau Bescheid weiß über Satans Einflüsterungen und das Selbst,[3] *»und läutert, was in euren Herzen ist«,*[4] [das heißt] die Reinheit (*ṭahāra*) des Herzens durch das Licht des Glaubens (*nūr al-īmān*). Gott sagte auch: *»Der da in die Brust der Menschen einflüstert.«*[5]

Wisse auch, dass Entspannung [oder Weiten] (*inschirāḥ*) und Anspannung [oder Beengen] (*ḍīq*) nur der Brust zugeschrieben und nicht dem Herzen zugerechnet werden. So sagte Gott [zum Propheten]: *»Es soll in deiner Brust keine Bedrängnis seinetwegen sein«,*[6] und: *»Vielleicht möchtest du einen Teil von dem, was dir offenbart wird, auslassen und fühlst dadurch deine Brust beklommen«,*[7] sowie: *»Wahrlich, Wir wissen, dass deine Brust beklommen ist über ihre Worte.«*[8] Gott erzählt, Moses habe im Gespräch zu Ihm gesagt: *»›Mein Herr, ich fürchte, dass sie mich der Lüge zeihen. Und meine Brust ist eng.‹«*[9] So schrieb Gott der Brust Beengung zu.

Nichtsdestotrotz beruhte die Beklommenheit [in] der Brust des Propheten und [in] der Brust des Gesprächspartners (*al-kalīm*) [Moses] nicht auf übler Einflüsterung, wie es bei der Mehrzahl der Muslime der Fall ist, weil Gott die Propheten vor der Versuchung durch Satan und den Streitereien der Selbste (*munāzaʿāt an-nufūs*) beschützt hat. Dennoch {42} zog sich ihre Brust zusammen, wenn sie die Ungläubigen (*kuffār*) von einem Partner (*scharīk*) Gottes sprechen hörten oder [wenn diese] sie der Lüge bezichtigten ob ihrer Erwähnung der Einheit (*waḥdānīya*) Gottes.

2. Koran 3:154 KK.
3. Ein Bezug zu einer weiteren Stelle desselben Koranverses: *»Und Allāh kennt das Innerste der Brüste«* (KH).
4. Koran 3:154 KK.
5. Koran 114:5 KK.
6. Koran 7:2 KK; die Rede ist vom herabgesandten Buch des Korans.
7. Koran 11:12 KK.
8. Koran 15:97 KH.
9. Koran 26:12–13 KK.

Außerdem kennt die Beklommenheit der Brust, wenn sie sich zusammenzieht, keine Grenzen, denn die Brust einer und eines jeden wird beengt im Gleichmaß mit ihrem Unwissen und ihrem Zorn. Ebenso unbegrenzt ist auch das Fassungsvermögen der Brust, wenn sie sich unter der Führung Gottes weitet. Falls sie also ob der Wahrheit (*ḥaqq*) beklommen wird, weitet sie sich gegenüber der Falschheit (*bāṭil*), und falls die Falschheit sie beklommen macht, weitet sie sich ob der Wahrheit. Hast du nicht beachtet, was Gott zu Seinem Propheten sagte: »*Haben Wir dir nicht deine Brust geweitet?*«?[10] Gott gewährte [ihm] die Weitung seiner Brust durch die Lichter der Wahrheit des Islams (*anwār ḥaqq al-islām*), sodass sich ihr Fassungsvermögen für Falschheit auf ein Nichts zusammenzog.

Manchmal wird die Brust der Gläubigen beklommen angesichts übermäßiger Einflüsterungen des Übels oder von Kummer, Verzweiflung, nicht nachlassender Not und der Heimsuchung durch Unfälle und Katastrophen. Auch zieht sich die Brust zusammen, wenn dem Gläubigen eine Unwahrheit zu Ohren kommt, die sein Herz nicht zu ertragen vermag, denn Gott hat ihm die Brust geweitet mit dem Licht des Islams, »*sodass er in einem Licht von seinem Herrn wandert.*«

Was die Brust der Ungläubigen (*kuffār*) und der Heuchler (*munāfiqūn*) betrifft, so ist diese angefüllt mit der Dunkelheit des Unglaubens (*kufr*), des Beigesellens (*schirk*)[12] und des Zweifels (*schakk*); sie hat sich für diese so sehr geweitet, dass das Licht des Islams darin keinen Platz mehr findet. Sie hat sich derart zusammengezogen, dass in ihr kein Fassungsvermögen für das Licht der Wahrheit (*nūr al-ḥaqq*) verbleibt.

10. Koran 94:1 KK.
11. Koran 39:22 KK.
12. Das heißt der Sünde, Gott Teilhaber oder Partner zuzuschreiben. *Schirk* wird häufig frei mit »Polytheismus« übersetzt. »Syntheismus« als eine mögliche Übersetzung wird genannt von JAMES W. REDHOUSE: *A Turkish and English Lexicon,* Konstantinopel 1921, Seite 1123.

Gott hat gesagt: *»Diejenigen, die ihre Brust dem Unglauben öffnen, über die kommt ein Zorn von Gott.«*[13] Und Er sagte auch: *»Wenn Gott einen rechtleiten will, weitet Er ihm die Brust für den Islam. Wenn Er aber einen irreführen will,* {43} *macht Er ihm die Brust eng und bedrückt.«*[14] Somit stellte Gott klar, dass die Brust, wenn sie von der Dunkelheit des Unglaubens ausgefüllt ist, sich derart zusammenzieht, dass sie ihr Fassungsvermögen für die ihm entgegengesetzten Lichter verliert.

Die Brust der Gläubigen ist auch der Wohnsitz des Lichts des Islams (*nūr al-islām*). So wie die inhaltsreichen Wörter »Auge«, *ḥaram,* »Heimstätte«, »Lampe« und »Mandel«, ist auch das Wort »Islam« ein umfassender Begriff für die Religion Gottes, obwohl Er sie auch Seinen Dienern und Dienerinnen zuschreibt, denn der Prophet sagte: »Islam ist Verkündigung mit der Zunge und Handeln mit den Gliedern, Annahme seiner Wahrheit durch den Glauben und Betrachtung (*muschāhada*) der Werke des Gnädigen.«[15]

»Islam« ist somit ein allgemeiner Begriff, der den Glauben (*īmān*), die Verkündigung mittels der Zunge und das Handeln mittels der Glieder einschließt. Außerdem besitzt der Islam sowohl einen äußeren (*ẓāhir*) als auch einen inneren (*bāṭin*) [Aspekt]. Was das Äußere angeht, so wird es manchmal von den Heuchlern vorgetäuscht, die von außen zu den Menschen des Islams zu gehören scheinen, obwohl sie innerlich ungläubig sind. Gott sagte: *»Die arabischen Beduinen sagen: ›Wir glauben.‹ Sprich: ›Ihr glaubt nicht [wirklich]. Sagt vielmehr: »Wir sind Muslime geworden.«‹«*[16] Womit Gott verdeutlichte, dass sie noch nicht glaubten, denn ihre Herzen glaubten nicht.

13. Koran 16:106 KK.
14. Koran 6:125 KP.
15. Ein von Ibn Mādscha verzeichneter Hadith (*al-muqaddima* 64). Siehe auch Wensinck: *Concordance,* II, 303.
16. Koran 49:14 KK.

Was den inneren Aspekt des Islams betrifft, so besteht er aus dem Gehorsam gegenüber dem Herrn des Menschseins und der Hingabe des Selbsts und des Herzens an jene Bestimmungen (*aḥkām*), die einem auferlegt werden. Gott sagte: »*Wer sich völlig Gott hingibt und dabei rechtschaffen ist, der hat seinen Lohn bei seinem Herrn.*«[17] Das sind wahrlich die Muslima und der Muslim, deren Licht des Islams {44} dem Licht des Glaubens und dem Licht der Tugend (*nūr al-iḥsān*) gleicht, sodass alle drei gemeinsam erstrahlen, ineinander leuchten und sich ähnlichsehen.

Gott sagt in der Geschichte der Propheten: »*Wir haben die Tora hinabgesandt, in der Rechtleitung und Licht enthalten sind, damit die Propheten, die Gott ergeben waren,* [...] *danach urteilen*«,[18] und in der Geschichte Abrahams: »*Als sie sich beide* [Gott] *ergeben gezeigt hatten und er ihn auf die eine Stirnseite niedergeworfen hatte.*«[19] Sie sind die Besten Gottes (*khāṣṣat Allāh*), von denen Er Rechtschaffenheit in Übereinstimmung mit dem Islam gefordert hat. Sie haben sich selbst von der eigenen Macht und Stärke befreit und ihre äußeren wie auch ihre inneren [Aspekte] Gott hingegeben.

Der Beleg dafür, dass der Islam [das heißt die Hingabe] und der Glaube in ihrer Bedeutung einander ähnlich sind, auch wenn sie verschiedene Namen tragen, findet sich in den Gottesworten: »*Und Moses sagte: ›Oh mein Volk, wenn ihr an Gott glaubt, dann vertraut auf Ihn, so ihr Gott ergeben seid*‹«,[20] und: »*Wenn er* [der Koran] *ihnen verlesen wird, sagen sie: ›Wir glauben an ihn. Es ist die Wahrheit von unserem Herrn. Wir waren schon vor ihm Gott ergeben,*‹«[21] sowie: »*Und wir brachten die, die in ihr* [der Stadt Lots] *gläubig waren, hinaus. Aber wir fanden in ihr nur ein [einziges] Haus von Gottergebenen.*«[22]

17. Koran 2:112 KK.
18. Koran 5:44 KK.
19. Koran 47:103 KK; die Rede ist von Abraham und seinem Sohn, zu dessen Opferung er in Ergebenheit gerade ansetzen wollte.
20. Koran 10:84 KK.
21. Koran 28:53 KK.
22. Koran 51:35–36 KK.

Glaube bedeutet – sowohl im Verständnis der einfachen Menschen als auch vom Standpunkt der Wegweisung (*scharī'a*)[23] aus –, an die Wahrheit zu glauben, sie mit dem Herzen zu akzeptieren und mit der Zunge zu bekennen, dass sie wahr ist. Islam andererseits bedeutet, dass das Herz und das Selbst der Wahrheit gehorchen, ihr näherkommen, ihr gegenüber aufrichtig sind und vermeiden, was ihr widerspricht.

{45} Die Brust ist auch der Hort von Wut (*ghill*) und Vergehen (*dschināya*); denn das Selbst, für welches Groll und Missetaten typisch sind, ist, wie bereits gesagt, ermächtigt, zum Zweck der Prüfung [des Dieners oder der Dienerin] in die Brust einzudringen. Gott sagte bei der Beschreibung der Paradiesbewohner (*ahl al-dschanna*): *»Und Wir nehmen weg, was in ihrer Brust an Groll da sein mag«*,[24] sodass sie ohne Hass ins Paradies eingehen mögen.

Das Herz der Gläubigen jedoch ist geschützt vor der Wut, weil es der Ort des Glaubens ist. Dennoch hat Gott Seinen Dienerinnen und Dienern befohlen, Ihn anzuflehen und Ihn zu bitten, keinen Groll in ihre Herzen zu legen, mit den Worten: *»Und setze in unsere Herzen keinen Groll gegen die, die glauben.«*[25] Er wünschte Sich, dass sie Ihn anflehen und Ehrfurcht vor Ihm haben, auf dass Er ihr Herz läutern möge. Hingegen hat Er ihnen nicht zugesagt, ihre Brust vor übler Einflüsterung zu bewahren, sodass sie die Gnade erkennen mögen, die Gott auf sie herabkommen lässt. Doch Er beschützt ihr Herz, damit sie Ihn um Erlösung von der bösen Versuchung in ihrer Brust bitten und durch Gott an Ehre und Würde gewinnen mögen, falls Er ihr Herz läutern und vergeistigen sollte, und sie in ihrem Selbst demütiger werden.

Gott sagte: *»Gott wird [...] die Brust gläubiger Leute wieder heil machen und den Groll ihrer Herzen entfernen.«*[26] Damit

23. Das heißt den islamischen Vorschriften, die auf dem Koran und der Sunna, oder den Aussprüchen und Handlungen des Propheten, beruhen.
24. Koran 7:43 und 15:47 KK.
25. Koran 59:10 KK.
26. Koran 9:14–15 KK.

stellte Gott klar, dass es die Brust ist, die geheilt werden muss, der Hort des Grolls. Auch sagte Er: *»Nunmehr ist eine Ermahnung von eurem Herrn zu euch gekommen, eine Heilung für das, was in der Brust [der Menschen] ist.«*[27]

{46} Das Herz der Gläubigen ist heil und ihre Brust ist gesund, doch das Herz der Ungläubigen und der Heuchler ist taub und krank und in ihrer Brust sitzt ein großes Unrecht. Gott sagte: *»In ihrem Herzen haben sie eine Krankheit,«*[28] und: *»Gott andere Götter beigesellen ist ein gewaltiger Frevel«*,[29] und: »[Sie] *haben in ihrer Brust nichts als Überheblichkeit.«*[30]

Wisse, dass die Brust der Ort allen Wissens ist, das erlangt wurde durch Studium (*ta'allum*), Gedenken (*taḥaffuẓ*), Anstrengung (*idschtihād*) und Bemühung (*takalluf*) im Zuhören und Weitergeben, sei es des Korans oder der Überlieferungen (*ḥadīth*) [des Propheten] oder von anderem, und dass solch ein Wissen durch Vergesslichkeit gekennzeichnet ist. Gott sagte: *»Es enthält deutliche Zeichen in der Brust derer, denen das Wissen zugekommen ist.«*[31] Dies ist jenes Wissen, das ausgesprochen, gelesen, weitergegeben oder erklärt werden kann. Doch die Besitzer und Besitzerinnen solch eines Wissens können es wieder vergessen, denn es wird vom Selbst getragen und bewahrt, und das Selbst ist von Natur aus vergesslich. Sie können es [sogar] vergessen, nachdem sie große Anstrengungen [zu dessen Erlangen] verwendet und es auswendig gelernt haben. In dieser Hinsicht ist die Brust wie der Rücken des Herzens (*ẓahr al-qalb*). Es heißt: So und so rezitiert aus dem Rücken seines Herzens.[32] Dennoch macht er trotz seines Bemühens manchmal Fehler, vergisst [etwas] und hat Zweifel an dem, was er auswendig gelernt hat.

27. Koran 10:57 KP.
28. Koran 2:10 und 5:52 KP.
29. Koran 31:13 KP.
30. Koran 40:56 KK.
31. Koran 29:49 KK; die Rede ist von dem Buch des Korans.
32. Das heißt aus dem Gedächtnis.

Die Brust ist für das Herz auch das, was die Muschel für die Perle ist. Mitunter tritt etwas in die Muschel ein, das anders ist als die Perle, etwa Wasser oder Ähnliches, {47} und verlässt sie wieder, weil in der Muschel nur Platz für die Perle ist, an den nichts gelangen kann, es sei denn, die Perle werde zuvor entnommen. Dann erst wir der Platz frei und vermag, etwas anderes an deren Stelle zu enthalten.[33]

TEIL DREI

Der Unterschied zwischen der Brust und dem Herzen

Blindheit und Klarsicht jedoch sind Eigenschaften des Herzens und nicht der Brust. Gott sagte:[1] *»Nicht die Augen sind blind. Blind ist vielmehr das Herz in der Brust.«*[1] Das ist die buchstäbliche Bedeutung [der Wörter »Herz« und »Brust«]. Metaphorisch und im Verständnis der Leute jedoch ist mit dem Wort »Brust« manchmal das Herz gemeint. Gott sagte: *»Ob ihr verbergt, was in euren Brüsten ist, oder ob ihr es kundtut, Allāh weiß es«*,[2] und: *»Das, was ihre Brust verbirgt, ist schlimmer«*,[3] und: *»Dein Herr weiß, was ihre Brust verhüllt und was sie offenlegen.«*[4] Damit meinte Gott das Herz. Doch meinte Er in allen [diesen Versen] das Herz der Ungläubigen, denn deren Brust und Herz sind verstockt und verschlossen, da ihnen das Licht der Rechtleitung (*nūr al-hudā*) fehlt.

33. In diesem Absatz ist der Text im arabischen Manuskript alles andere als klar. Diese Übersetzung repräsentiert das, was der Autor meiner Ansicht nach sagen wollte. Der springende Punkt der Analogie scheint darin zu liegen, dass die Kapazität des menschlichen Gedächtnisses begrenzt ist und dass neues Wissen nur auf Kosten von dort bereits vorhandenem aufgenommen werden kann.

1. Koran 22:46 KP.
2. Koran 3:29 KH.
3. Koran 3:118 KK.
4. Koran 28:69 KK.

{48} Diese Art Wissen (*ʿilm*)[5] wird in der Brust nur nach tiefer und ausdauernder Reflexion fest verankert und beständig, denn die Brust gleicht einem Durchgang insbesondere für jenes Wissen, das gehört wird und das von außen in sie eintritt. Was dasjenige betrifft, das aus dem Inneren des Herzens [in die Brust] eintritt, wie die Feinheiten des Wissens (*laṭāʾif al-ḥikma*) und die Erweise der Gunst (*schawāhid al-minna*), so wird dessen Beständigkeit in der Brust unwiderruflich begründet. Jene [anderen] Zustände (*aḥwāl*) jedoch bleiben in der Brust nicht bestehen, weil sie das Eintrittstor für Ablenkungen (*aschghāl*) und Interessen (*ḥawāʾidsch*) ist. Die Brust gleicht dem Innenhof des Hauses innerhalb der Heimstätte. Hausangestellte, Bedienstete, Nachbarn, Fremde und andere treten manchmal in die Heimstätte ein, doch niemand betritt das Haus, in das sein Besitzer oder seine Besitzerin eintritt, außer Blutsverwandte (*dhū raḥim*) oder nicht heiratsfähige Verwandte (*maḥram*)[6] oder nahe Verwandte oder Freunde.

Manchmal wird das [Wort] »Selbst« (*nafs*) metaphorisch verwendet, um das [äußere] Herz (*qalb*) zu bezeichnen. Gott sagte in der Geschichte Jesu: *»›Du weißt, was in meinem Inneren [nafs] ist.‹«*[7] Das heißt, Du weißt, was in meinem Herzen ist. Auch sagte Er: *»Wisst, dass Gott weiß, was in eurem Inneren [nafs] ist. So nehmt euch vor Ihm in Acht«;*[8] und was Er [mit dem Wort »Selbst«] meinte, war das Herz.

Der Gesandte Gottes sagte: »Wahrlich, Gott hat darüber hinweggesehen, was die Menschen meiner Gemeinde (*umma*) in ihrem Selbst gehegt haben, [solange sie nicht danach gehandelt oder darüber geredet haben].«[9] Es sollte dir klar

5. Das heißt Wissen von der Art der prophetischen Überlieferungen und des Rechts.

6. Wie etwa die eigenen Eltern, Kinder oder Geschwister.

7. Koran 5:116 KK; hier spricht Jesus zu Gott.

8. Koran 2:235 KK.

9. Ein Hadith, der verzeichnet wird von al-Bukhārī (*al-ʿitq* 2343, *at-ṭalāq* 4864, *al-aymān wa an-nudhūr* 6171), von Muslim (*al-īmān* 181, 182), von at-Tirmidhī (*at-*

sein, dass das, was in dieser Überlieferung gemeint ist, die üblen Einflüsterungen der Brust sind, die keinen Bestand haben. {49} Wir werden aber über das befragt und dafür zur Verantwortung gezogen, was sich in unserem Herzen verfestigt hat. Gott sagte: *»Über Gehör, Augenlicht und Herz, über all das wird Rechenschaft gefordert.«*[10]

Jede Wissenschaft (*ʿilm*), die vom Selbst erlangt und in der Brust getragen wird, vergrößert den Stolz (*takabbur*) und die Überheblichkeit (*taraffuʿ*) des Selbsts, und dieses weigert sich, die Wahrheit anzuerkennen. So wächst mit dem Wissen des Selbsts auch sein Hass (*ḥiqd*) auf seine Geschwister, und seine Eitelkeit (*bāṭil*) und Herrschsucht (*ṭughyān*) werden hartnäckiger. Der Gesandte Gottes sagte: »Wahrlich, dieses Wissen besitzt eine Herrschsucht wie die Tyrannei des Reichtums.«[11]

Verstehe, dass wenn ein Wissen bloß von geringem Nutzen ist, sein Besitzer oder seine Besitzerin sich damit auch nur etwas von wenig Wert erkaufen kann und sich von der Gottergebenheit abwendet. Solches Wissen eignet man sich lediglich an, um der Wegweisung (*scharīʿa*) zu folgen, das Selbst zu disziplinieren und zu bessern und es vor Unwissenheit (*dschahl*) zu bewahren, um [es] vertraut zu machen mit den Bestimmungen (*ḥudūd*) der religiösen Vorschriften (*aḥkām*) und um das Äußere [der Aspekte] der Religion (*ẓāhir ad-dīn*) aufrechtzuerhalten. Dieses Wissen gewinnt nur dann an Wert, wenn Gott uns das Innere [seiner Aspekte] (*ʿilm al-bāṭin*) offenbart, das Wissen des Herzens (*ʿilm al-qalb*), welches das [wahrhaft] nützliche Wissen (*ʿilm an-nāfiʿ*) ist.

Bedenke, was der Gesandte Gottes sagte: »Wissen ist von zweifacher Art: Wissen auf der Zunge (*ʿilm bi al-lisān*), wel-

ṭalāq wa al-liʿān 1103), von an-Nasāʾī (*at-ṭalāq* 3379, 3380, 3381), von Abū Dāwūd (*at-ṭalāq* 1888), von Ibn Mādscha (*at-ṭalāq* 2030, 2034) und von Aḥmad ibn Ḥanbal (*baqi musnad al-mukthirīn* 8745, 9134, 9752, 9848, 9968). Siehe auch Wensinck: *Concordance,* I, 401.

10. Koran 17:36.

11. Eine Überlieferung, die sich nicht in den traditionellen Hadith-Sammlungen findet.

ches Gottes Beweisgrund (*ḥudschdschat Allāh*)[12] gegenüber Seiner Schöpfung ist, und Wissen im Herzen (*ʿilm bi al-qalb*), welches das nützliche Wissen (*ʿilm an-nāfiʿ*) ist.«[13] Einst suchte der Gesandte Gottes Zuflucht bei Ihm mit den Worten: »Oh mein Gott! Wahrlich, ich flüchte zu Dir vor {50} unnützem Wissen.«[14] Auch sagte er: »Wir suchen Zuflucht bei Gott vor dem Heuchler mit seinem Zungenwissen (*ʿalīm al-lisān*) und seiner Herzensignoranz (*dschahūl al-qalb*).«[15] All dies belegt, dass [das Wissen], was eine solche Person durch [den Sinn des] Gehör[s] besitzt, lediglich Gottes Beweisgrund (*ḥudschdschat Allāh*) für das Selbst ist. Mit ihm kauft sie sich diese Welt und verzichtet auf die Religion, die ihr von größerem Nutzen wäre. Und sie handelt auch nicht in Übereinstimmung mit diesem Wissen, bis Gott ihr etwas von jenem nützlichen Wissen offenbart. Vom Gesandten Gottes wird der Ausspruch überliefert: »Wer auch immer in Übereinstimmung handelt mit dem, was er weiß, dem vermacht Gott das Wissen über das, was er nicht weiß.«[16]

Wisse, dass die Tiefe der Gewässer des Herzens grenzenlos ist und die Vielfalt seiner Flüsse ohne Zahl. Weise Menschen (*ḥukamāʾ*) gleichen Tauchern in diesen Gewässern und Wasserschöpfern und Fischern an diesen Flüssen. Jeder von ihnen findet darin und bringt daraus hervor im Maße dessen, was

12. Wie es von Gott Seinen Propheten offenbart wurde; siehe Koran 6:83 und 6:149.

13. Ein Hadith, der verzeichnet wird von ad-Dārimī (*al-muqaddima* 367). Siehe auch AL-MUTTAQĪ: *Kanz al-ʿummāl*, V, Nr. 4050 und 4338–4339; sowie AS-SULAMĪ: *Kitāb al-arbaʿīn fi at-taṣawwuf*, Seite 5.

14. Teil eines Hadith, der verzeichnet wird von Muslim (*al-dhikr wa al-duʿāʾ* 4899), von an-Nasāʾī (*al-istiʿādha* 5347, 5363, 5375, 5443), von Abū Dāwūd (*al-ṣalā* 1324), von Ibn Mādscha (*al-muqqadima* 246) sowie von Aḥmad ibn Ḥanbal (*musnad al-kūfiyīn* 18503, 18590). Siehe auch AL-MUTTAQĪ: *Kanz al-ʿummāl*, I, Nr. 3633.

15. Eine zum Teil ähnliche Überlieferung wird verzeichnet von Aḥmad ibn Ḥanbal (*musnad al-ʿaschara al-mubaschscharīn bi al-dschanna* 137, 293). Siehe auch AL-MUTTAQĪ: *Kanz al-ʿummāl*, V, Nr. 4440–4441, 4793 und 4801.

16. Eine Überlieferung, die sich nicht in den traditionellen Hadith-Sammlungen findet.

Gott ihm gewährt. Daher werden dem einen ein paar Juwelen offenbart aus dem Wissen von den Fehlern dieser Welt, von der Schnelligkeit ihrer Veränderung, von der Fülle ihrer Täuschung, von ihrem Mangel an Beständigkeit und der Beschleunigung ihrer Zerstörung. Diesem wird auch etwas Wissen enthüllt von den Ränken Satans und der Mannigfaltigkeit seines bösen Einflüsterns.

Einem anderen wird offenbart mittels des Wissens von den Rangstufen der Gottesfürchtigen (*ahl at-taqwā*), von den Rangstufen der Menschen von Wissen (*ahl al-ʿilm*) und von [Tugenden wie] der Charakterwürde, dem freundlichen Umgang mit Unglücklichen, dem Ertragen von Schmerz, der weltlichen Großzügigkeit, dem Vorziehen aller anderen Wesen vor dem eigenen, {51} der Angst vor dem Höllenfeuer (*nār*), dem Krieg gegen Satan, dem Kampf gegen das Selbst und dem Widerstand gegen dessen Leidenschaften, der Nachfolge [auf dem Pfad] des Gesandten und seiner Gefährten sowie der Einhaltung der Sunna.[17]

Einem weiteren wird Offenbarung geschenkt in Gesprächen über die Gnadenerweise Gottes, über die Erinnerung an Seine Freigiebigkeit, über das Vermeiden Seines Kummers, über die Fülle Seiner Geschenke, über Seinen barmherzigen Schutz, über Seine andauernde Nachsicht, über Seine großartige Vergebung, über Sein umfassendes Erbarmen und Ähnliches [an Eigenschaften] dieser Art.

Einem anderen wird Enthüllung gewährt in Form der Betrachtung dessen, was ihm von Gott vorherbestimmt ist (*mā sabaqa lahu*) in Seiner Ewigkeit (*azalīya*) und Zeitlosigkeit (*qidam*), wie etwa Sein Gedenken seiner, Seine Hochachtung seiner, Sein Auserwählen, Vorziehen und Aussuchen seiner sowie Seine vorherbestimmten Gaben (*laṭāʾif sābiqa*) an ihn.

Einem weiteren wiederum wird offenbart in der Kontemplation der Wirklichkeiten (*ḥaqāʾiq*) einiger [Göttlicher]

17. Das heißt der Handlungsweise, wie sie der Prophet gemäß seinen überlieferten Aussagen und Taten vorgelebt hat.

Akte der Herrschaft (*rubūbīya*), sodass er die Wirkung der Macht Gottes in allen Dingen schaut, die Schönheit Seiner Kunstfertigkeit und ähnlicher Dinge dieser Art.

Wieder einem anderen wird Offenbarung zuteil in der Betrachtung der Größe Gottes, Seiner Majestät und Erhabenheit und des Ausmaßes Seiner Kraft neben dem bescheidenen Wert Seiner Geschöpfe im Kontrast zu Seiner Größe. [Ihm wird] die Vision [geschenkt] der Ärmlichkeit der erschaffenen Wesen, ihrer Unzulänglichkeit, ihres Elends und ihrer [vollständigen] Abhängigkeit von Gott im Gegensatz zu Seiner Macht und Unabhängigkeit von ihnen, der Größenordnung Seiner Schätze, Seiner Hinlänglichkeit und Seiner wohlwollenden Sorge für ihre Angelegenheiten.

Noch einem weiteren wird enthüllt durch die Einsicht in den Beistand [Gottes], die Süße von Erkenntnis (*ma'rifa*) und Liebe (*maḥabba*) sowie durch die Schau dessen, wie Gott ihn vor Fehltritten, Unglaube und Leidenschaften beschützt.

Einem anderen wird Offenbarung gewährt in der ausschließlichen Kontemplation von Gottes Einzigkeit (*fardānīya*) und Einheit (*waḥdānīya*), sodass er in seinem geheimen Innersten nichts anderes schaut als Gott allein. So wird, während er Gott betrachtet, der Wert von jedem anderen als Gott {52} in seinem inneren Geheimnis zunichte, und er schaut Seine Ewigkeit (*qidam*), Seine Vollkommenheit und Sein immerwährendes Bestehen (*baqā'*) sowie [im Kontrast dazu] die [zeitliche] Erschaffung (*ḥudūth*) der Menschheit und ihr Vergehen (*fanā'*).

Keines der Gewässer irgendeines dieser Aspekte kommt jemals an ein Ende, noch sind deren Juwelen begrenzt, denn Gott sagte: »*Er gibt die Weisheit, wem Er will. Und wer die Weisheit erhält, erhält [damit] viel Gutes. Aber nur diejenigen, die Verstand haben, lassen sich mahnen.*«[18]

18. Koran 2:269 KP.

Von all diesen Aspekten [der Weisheit] sind diejenigen, die der Zunge des Weisen (*ḥakīm*) entspringen, wie der Schaum, der sich aus dem Meer erhebt und den die Fluten dann fortspülen, auf dass die Menschheit aus ihm Nutzen zieht.[19] So ist das Wissen der Weisen, das von der Zunge ausgeht und gegenüber den Menschen in deutlicher Sprache ausgedrückt werden kann, einem Schaum gleich, der aus dem Meer des Herzens hervorquillt. Und genauso, wie jemand, dessen Augen erkrankt sind, den Meerschaum [als eine Arznei] nutzt, so ziehen auch jene, deren Herz an der Liebe zur Welt leidet und deren beiden Herzensaugen erkrankt sind, Nutzen aus der Rede der Weisen. Gott heilt [auf diese Art] ihre Brust von den inneren Krankheiten wie dem leidenschaftlichen Verhaftetsein und ähnlichen Gebrechen.

So verläuft der Weg des inneren (*bāṭin*) und des äußeren (*ẓāhir*) Wissens, von denen keines ohne das andere auskommt, denn eine[s] der beiden Wissen[sformen] ist die Erläuterung der Wegweisung (*scharīʿa*), also von Gottes Beweisgrund (*ḥudschdschat Allāh*) gegenüber Seiner Schöpfung, und die andere ist die Erklärung der Wirklichkeit (*bayān al-ḥaqīqa*), von der ich einiges [bereits] beschrieben habe. Das Leben des Herzens und das Leben des Selbsts [hängen] von beiden [ab]. Außerdem basieren Stärke und Wahrung des äußeren Aspekts der Religion {53} auf der Kenntnis der Wegweisung, während Kraft und Aufrechterhaltung des inneren Aspekts der Religion auf jener anderen Kenntnis, der Kenntnis der Wirklichkeit (*ʿilm al-ḥaqīqa*), beruhen.

Der Beweis von dem liegt darin, dass die Kraft der Religion von der Echtheit der Gottesfurcht (*taqwā*) abhängt. Der

19. Dies bezieht sich auf *zabad al-baḥr* oder »Schaum der See«, den wir vielleicht als Meerschaum oder Sepiolith identifizieren können, ein weißliches Mineral, das manchmal auf den Wellen treibt, als wäre es Schaum. *Zabad al-baḥr* wurde auch schon mit dem Skelett des Tintenfischs gleichgesetzt, das in gemahlener Form als Heilmittel bei Augenerkrankungen eingesetzt wurde. Siehe dazu Martin Levey [Hrsg.]: *The Medical Formulary or Aqrābādhīn of al-Kindī*, Madison: University of Wisconsin Press, 1966, Seiten 172 und 272.

Gesandte Gottes sagte: »Die Gottesfurcht sitzt hier«, und zeigte mit seiner Hand auf sein Herz.[20] Somit ist, wer aus äußerem Wissen (*ʿilm al-ẓāhir*) fromm ist, das innere Wissen (*ʿilm al-bāṭin*) jedoch verleugnet, ein Heuchler (*munāfiq*); während, wer aus innerem Wissen gottesfürchtig ist, das äußere Wissen aber nicht studiert hat, um der Wegweisung zu folgen, und sie sogar verleugnet, ein Häretiker (*zindīq*) ist. Tatsächlich ist dieses, sein inneres Wissen in Wirklichkeit überhaupt kein Wissen, sondern lediglich eine [üble] Versuchung, die Satan ihm einflößt. Gott sagte: *»Die Satane flüstern ihren Freunden ein.«*[21]

Was die gläubigen Muslime betrifft, die rechtschaffen und Wissende (*ʿārif*) sind, so glauben sie an das Buch Gottes und die Sunna Seines Gesandten. Sie befolgen die Wegweisung, handeln in Übereinstimmung mit ihr und nehmen den Gottesbotschafter und seine führenden Gefährten zum Vorbild und zur Richtschnur. In ihrem Herzen erblicken sie die Freigiebigkeit Gottes durch ihre [Empfindung ihrer] Bedürftigkeit (*iftiqār*) und ihr[es] Frohlocken[s] (*iftikhār*). Sie sehen ihre eigene Armut (*iḍṭirār*) und geben ihre [eigene] Wahl[freiheit] (*ikhtiyār*) zurück, indem sie um die Gemeinschaft mit dem Vergebenden König (*al-Malik al-Ghaffār*)[22] bitten.

Gott hat mich mit Seiner Gnade derart unterstützt, dass ich die Darlegung und Aufklärung (*bayān*) [der Unterschiede zwischen] der Brust (*ṣadr*) und dem [äußeren] Herzen (*qalb*) [hiermit] bedeutend erweitern konnte.

20. Teil eines Hadith, der verzeichnet wird von Muslim (*al-birr wa-as-ṣila wa al-ādāb* 465) und von Aḥmad ibn Ḥanbal (*musnad al-baṣrīyīn* 19397, 19405, 19767, 19768; *musnad al-madanīyīn* 16029, 16047; *musnad al-makkīyīn* 15444; *bāqī musnad al-mukthirīn* 7402, 8363, 11933; *bāqī musnad al-anṣār* 22129, 22145). Siehe auch WENSINCK: *Concordance*, VII, 300.

21. Koran 6:121.

22. Eine Bezeichnung gebildet aus zwei der neunundneunzig schönsten Namen Gottes [A.d.d.Ü.].

TEIL VIER

Das äußere Herz

Das [äußere] Herz ist der Wohnsitz des Lichts des Glaubens (*nūr al-imān*). Gott sagte: *»Gott hat ihnen den Glauben ins Herz geschrieben«,*[1] und: *»Gott hat euch den Glauben lieb und in euren Herzen verlockend gemacht«,*[2] sowie: *»Der, dessen Herz im Glauben Ruhe gefunden hat.«*[3]

Auch wohnen im [äußeren] Herzen {54} Gottesfurcht (*taqwā*), Gelassenheit (*sakīna*), Ehrfurcht (*wadschal*), Demut (*ikhbāt*), Sanftheit (*līn*), Ruhe (*iṭma'nīna*), Ergebenheit (*khuschū'*), Läuterung (*tamḥīs*) und Reinheit (*ṭahāra*). Gott sagte, [dass Er] *»sie auf das Wort der Gottesfurcht verpflichtete«,*[4] und gab zu erkennen, dass Er diese Verpflichtung ihren Herzen auferlegte. Er sagte auch: *»Er ist es, Der die Ruhe spendende Gegenwart in die Herzen der Gläubigen herabgesandt hat«,*[5] und: *»Er wusste, was in ihren Herzen war, und Er sandte die Ruhe [sakīna] auf sie hinab«,*[6] sowie in der Geschichte Abrahams (*al-Khalīl*): *»›Aber mein Herz soll Ruhe finden‹«,*[7] und: *»›Sodass unsere Herzen Ruhe finden‹«,*[8] sowie: *»Das sind die, deren Herzen Gott auf die Gottesfurcht geprüft hat«,*[9] und der Gesandte Gottes verwies auf die Gottesfurcht in seinem Herzen.[10] Gott sagte auch: *»Gott nimmt nur von den Gottesfürchtigen [etwas] an.«*[11] Die Wurzel der Gottesfurcht sitzt im Herzen und sie bedeutet Wachsamkeit gegenüber dem Zwei-

1. Koran 58:22 KP.
2. Koran 49:7 KK.
3. Koran 16:106.
4. Koran 48:26 KK.
5. Koran 48:4 KK.
6. Koran 48:18 KH.
7. Koran 2:260 KK; hier ist es Abraham, der spricht.
8. Koran 5:113 KK; dies sagen die Jünger zu Jesus.
9. Koran 49:3 KK.
10. Eine Überlieferung, die verzeichnet ist bei Muslim (*al-birr wa-as-ṣila wa al-ādāb* 465) und auch bei Aḥmad ibn Ḥanbal (*musnad al-baṣrīyīn* 19397, 19405, 19767, 19768; *musnad al-madanīyīn* 16029, 16047; *musnad al-makkīyīn* 15444; *bāqī musnad al-mukthirīn* 7402, 8365, 11933; *bāqī musnad al-anṣār* 22129, 22145). Siehe auch WENSINCK: *Concordance*, VII, 300.
11. Koran 5:27 KP.

fel (*schakk*), dem Beigesellen (*schirk*), dem Unglauben (*kufr*), der Heuchelei (*nifāq*) und der Scheinheiligkeit (*ri'ā'*).

Über die Reinheit (*ṭahāra*) sagte Gott: *»Das ist reiner für eure Herzen«*,[12] und: {55} *»Das sind die, deren Herzen Gott nicht rein machen will«*,[13] sowie [über die Läuterung]: *»Und [Er] läutert, was in euren Herzen ist.«*[14] Bezüglich der Ehrfurcht (*wadschal*) sagte Er: *»Und ihre Herzen zittern«*,[15] sowie: *»Deren Herzen sich ängstigen.«*[16] Er sagte über die Demut (*ikhbāt*): *»sodass [...] ihre Herzen sich vor Ihm demütigen«*,[17] und über die Sanftheit (*līn*): *»Dann werden ihre Haut und ihr Herz weich* [oder sanft] *und neigen sich dem Gedenken Gottes zu.«* In Bezug auf mangelndes Verständnis (*'adam al-fiqh*) sagte Er: *»Sie haben Herzen, mit denen sie nicht begreifen«*,[19] und zur [demütigen] Ergebenheit (*khuschū'*): *»Wird es für diejenigen, die glauben, nicht [allmählich] Zeit, dass sich ihr Herz vor der Mahnung Gottes* [...] *demütigt?«*[20] Einmal sah der Gesandte Gottes einen Mann beim Gebet mit seinem Bart spielen und sagte: »Wäre das Herz dieses Mannes demütig, so wären auch seine Glieder ergeben.«[21] Die in der [Koran-]Exegese Bewanderten (*ahl at-tafsīr*) haben gesagt, demütige Ergebenheit bedeute ununterbrochene Ehrfurcht (*khawf dā'im*) im Herzen.[22]

Wisse, möge Gott dir gnädig sein, dass es in der gesamten Schöpfung Gottes nichts Besseres gibt als ein Herz, das durch die Lichter der Vereinigung (*tauḥīd*), der Erkenntnis (*ma'rifa*) und des Glaubens (*īmān*) tugendhaft geworden ist, noch gibt es etwas Geläuterteres, Reineres, Frömmeres, Wahreres oder {56} Umfassenderes [als ein Herz], wenn Gott dieses von Verunreinigungen geläutert und es im Licht der Wahr-

12. Koran 33:53 KK.
13. Koran 5:41 KK; das heißt »die, die Er in Versuchung führen will.«
14. Koran 3:154 KK.
15. Koran 23:61 KT.
16. Koran 8:2 KK.
17. Koran 22:54 KK.
18. Koran 39:23 KK.
19. Koran 7:179 KK.
20. Koran 57:16 KP.
21. Siehe AL-MUTTAQĪ: *Kanz al-'ummāl*, II, Nr. 766.
22. Siehe beispielsweise AT-ṬABARĪ: *Dschāmi' al-bayān*, 18,2 und 28,8.

heit (*nūr al-ḥaqq*) wiederbelebt, es umsorgt und beschützt und ihm Wohltaten gewährt hat. Derart ist das Herz der Gläubigen, und dessen Lichter strahlen grenzenlos.

Andererseits gibt es nichts Schlimmeres, Verdorbeneres oder Unreineres als das Herz von jenen, die Gott verlassen hat und deren Sorge Er nicht übernimmt, sondern Satan anvertraut hat. Solcherart ist das Herz der Heuchler (*munāfiqūn*) und der Ungläubigen (*kuffār*), denn es ist der Hort des Beigesellens (*schirk*), des Zweifels (*schakk*), der Heuchelei (*nifāq*), des Misstrauens (*rayb*) und der Krankheit (*maraḍ*). Gott sagte: »*Die Götzendiener sind unrein*«,[23] und über die Heuchler sagte Er: »*Sie sind ein Greuel*«,[24] und bezüglich des Misstrauens: »*Deren Herzen zweifeln*«,[25] und über das Leugnen (*inkār*): »*Deren Herzen verleugnen*«,[26] und in Bezug auf die Krankheit: »*In ihrem Herzen haben sie [an sich schon] eine Krankheit.*«[27] Die Wurzel aller Sünden ist Hartherzigkeit (*qasāwat al-qalb*). Der Weise (*al-ḥakīm*)[28] sagt: »Ein verhärtetes Herz ist unbekümmert hart.«

Wenn das [äußere] Herz hingegen vom Licht Gottes und dem Licht des Glaubens erleuchtet ist, umsorgt es Gott und erfüllt es mit Liebe und Ehrfurcht. Er verschließt es mit dem Schloss der Macht und legt den Schlüssel des Willens (*maschī'a*) in die Schatzkammer Seiner [Welt der] Verborgenheit (*ghayb*), von der niemand Kenntnis erlangt außer in der Todesqual, wenn uns enthüllt wird, was in Seiner [Welt der] Verborgenheit liegt.

Wenn das Herz andererseits {57} erfüllt ist von der Düsternis des Unglaubens (*kufr*), des Zweifels (*schakk*) und der Heuchelei (*nifāq*), bestimmt Gott für dessen Besitzer oder

23. Koran 9:28 KH.
24. Koran 9:95 KK.
25. Koran 9:45 KK.
26. Koran 16:22 KH.
27. Koran 2:10 KP.
28. Möglicherweise handelt es sich hierbei um Luqmān al-Ḥakīm, der in den Koranversen 31:12–13 erwähnt wird und für viele ihm zugeschriebene Sprichwörter bekannt ist. Siehe dazu den Artikel zu »Lukmān« von B. HELLER und N.A. STILLMAN in *The Encyclopedia of Islam*, Band V, Seiten 811–813.«

Besitzerin einen Satan, welcher sich darum kümmert und [das Herz] mit dem Schloss der Entmutigung (*khidhlān*) verschließt, denn Gott kennt [solcher Menschen] Ausgang (*'āqiba*) und Ende. Dieses ist jedoch keinem Menschen ersichtlich, bis dass er [im Sterben] röchelt, denn es ist Gottes Geheimnis (*sirr*), das kein anderer kennt. Wie vielen [von Gott] fernen Ungläubigen wird Glaube gewährt, sodass sie glückselig sterben, und wie viele [Gott] nahestehende Gläubige werden von ihrem Herrn verlassen, sodass sie elendiglich zugrunde gehen!

Wisse, möge Gott dir gnädig sein, dass die Macht Gottes wirkungsvoll ist und dass niemand Seine Absicht (*murād*) und Seinen Willen (*maschī'a*) in Bezug auf Seine Schöpfung oder auf die Folgen (*khawātim*) Seiner Akte kennt außer einer Anzahl der Propheten, denn dies ist Sein Zeichen der Wahrheit ihrer Prophetenschaft. Der Gesandte Gottes sagte, zehn seiner Gefährten würden, als eine ihm erwiesene Göttliche Gunst und Gnade, zu den Paradiesbewohnern (*ahl al-dschanna*) gehören.[29]

Erkenne: Die Gewissheit über die Unvermeidbarkeit von Lohn (*thawāb*) und Strafe (*'iqāb*) fußt im Herzen, doch in der Folge obliegt es dem Selbst (*nafs*), [Lohn oder Strafe] zu tragen. Gott sagte: *»Er belangt euch wegen dessen, was eure Herzen begehen.«*[30] Dies bezieht sich indes auf die Urteile (*aḥkām*) im Jenseits, denn was die Urteile dieser Welt be-

29. Vergleiche dazu die durch Sa'īd ibn Zayd überlieferten Hadithe, die verzeichnet sind bei at-Tirmidhī (*al-manāqib* 3681, 3690), bei Abū Dāwūd (*as-sunna* 4030, 4031), bei Ibn Mādscha (*al-muqqadima* 130, 131) und bei Aḥmad ibn Ḥanbal (*musnad al-'aschara al-mubaschscharīn bi al-dschanna* 1543, 1544, 1545 und 1551). In all diesen Hadithen, außer in Nr. 3681 von at-Tirmidhī, zählen zu den Paradiesbewohnern der Prophet selbst sowie neun seiner Gefährten, die alle frühzeitig zum Islam konvertiert waren: Abū Bakr, 'Umar, 'Uthmān, 'Alī, Ṭalḥa, al-Zubayr, Sa'd ibn Abī Waqqāṣ, 'Abd ar-Raḥmān ibn 'Auf und Sa'īd ibn Zayd. In Nr. 3681 wird der Liste ein zehnter Gefährte, Abū 'Ubayadh ['Amīr ibn 'Abd Allāh], hinzugefügt, dafür wird dort der Prophet selbst nicht genannt. Siehe auch AL-MUTTAQĪ: *Kanz al-'ummāl:* VI, Nr. 2724–2725, 6371–6378.

30. Koran 2:225 KK.

trifft, so ist es das Selbst, das für seine Taten belangt wird. Das, was zwischen den Dienerinnen und Dienern und ihrem Herrn besteht, wird beurteilt auf Grund dessen, was im Herzen ist. Über die Sache mit ʿAmmār ibn Yāsir[31] sagte Gott: *»[...] außer, wenn einer [äußerlich zum Unglauben] gezwungen wird, während sein Herz [endgültig] im Glauben Ruhe gefunden hat.«*[32] Damit erklärte Gott, dass ʿAmmār dadurch entschuldigt war, {58} dass er [durch seine Apostasie] keinen Schaden nehmen konnte aufgrund seiner Herzensgelassenheit (*ṭumaʾnīna*) aus aufrichtigem Glauben.

Die Dienerinnen und Diener Gottes werden für die Taten ihrer Glieder belohnt, wenn die Absicht (*nīya*) ihres Herzens dank des Lichts des Glaubens (*nūr al-īmān*) aufrichtig ist. Der Gesandte Gottes sagte: »Die Menschen empfangen ihren Lohn gemäß ihren Absichten«,[33] und: »Die Taten werden entsprechend dem Vorsatz bewertet«,[34] sowie: »Jenen, die keine Intention haben, wird keine Tat zugeschrieben.«[35]

Die Brust (*ṣadr*) ist der Ort, in den das Wissen eintritt, das sich ausdrücken lässt (*ʿilm al-ʿibāra*). Das [äußere] Herz (*qalb*) hingegen ist der Wohnsitz jenes Wissens [das] unterhalb des Ausdrückbaren [liegt]: das weise und hinweisende Wissen (*ʿilm al-ḥikma wa al-ischāra*). Ausdrückbares Wissen ist Gottes Beweisgrund (*ḥudschdschat Allāh*) gegenüber Sei-

31. ʿAmmār ibn Yāsir war einer der Gefährten des Propheten. Er geriet in Gefangenschaft bei den Ungläubigen und wurde gezwungen, wohlwollend über deren Götter zu sprechen und den Propheten zu lästern. Siehe Abū Nuʿaym al-Isbahānī: *Ḥilyat al-auliyāʾ,* I, 140; sowie Ibn al-Dschauzī: *Ṣifat as-ṣafwa,* I, 175; und at-Ṭabarī: *Dschāmiʿ al-bayān,* XIV, 122.

32. Koran 16:106 kP.

33. Ein Hadith, der sich nicht in den kanonischen Sammlungen findet.

34. Ein Hadith, der verzeichnet wird von al-Bukhārī (*badʾ al-waḥy* 1, *al-īmān* 52, *al-ʿitq* 2344, *al-manāqib* 3609, *an-nikāḥ* 4682, *al-aymān wa an-nudhūr* 6195, *al-ḥiyal* 6349), von Muslim (*al-imārah* 3530), von at-Tirmidhī (*faḍāʾil al-dschihād* 1571), von an-Nasāʾī (*at-ṭahāra* 74, *at-ṭalāq* 3383, *al-aymān wa an-nudhūr* 3734), von Abū Dāwūd (*at-ṭalāq* 1882), von Ibn Mādscha (*al-zuhud* 4217) und von Aḥmad ibn Ḥanbal (*musnad al-ʿaschara al-mubaschscharīn bi al-dschanna* 163, 283). Siehe auch Wesnick: *Concordance,* VII, 55.

35. Ein Hadith, der sich nicht in den kanonischen Sammlungen findet.

nen Geschöpfen. Gott fragt sie: Was habt ihr zustande gebracht mit dem, was ihr gelernt habt? Das hinweisende Wissen jedoch ist der Pfad der Diener und Dienerinnen hin zu Gott mittels Seiner Führung, denn Gott gewährt ihnen die Entdeckung ihres Herzens zur Betrachtung Seiner [Welt der] Verborgenheit (*ghayb*) und zur Schau dessen, was hinter Seinen Schleiern liegt, so als sähen sie all dies mit ihren eigenen Augen, sodass, auch wenn die Decke von ihnen weggezogen würde,[36] sie [was ihr Wissen betrifft] innerlich nicht wachsen würden. Das [äußere] Herz ist also der Sitz des hinweisenden Wissens (*ʿilm al-ischāra*). Das ausdrückbare Wissen (*ʿilm al-ʿibāra*) ist jenes [Wissen], das die Dienerinnen und die Diener mit ihrer Zunge ausdrücken; während das hinweisende Wissen bedeutet, dass sie mit ihrem Herzen auf Gott als ihren Herrn hinweisen, auf Seine Einsheit, Herrlichkeit, Majestät, Macht und all Seine Eigenschaften wie auch auf die Wirklichkeiten Seiner Schöpfung und Seines Wirkens.

Der Wohnsitz des Lichts des Glaubens (*nūr al-īmān*) und des Lichts des Korans (*nūr al-Qurʾān*) ist derselbe, nämlich das [äußere] Herz, denn diese beiden Lichter sind einander ähnlich. Gott sagte: *»Du wusstest [vorher] nicht, was das Buch und was der Glaube ist. Und doch* {59} *haben Wir es zu einem Licht gemacht.«*[37] So hat Gott die beiden zusammengefasst durch den Gebrauch des Pronomens »es« als Anspielung (*kināya*) auf »eins«. Hinweis [oder Andeutung] (*ischāra*) bedeutet, dass vom Augenblick an, in dem die Diener und Dienerinnen auf die Herrschaft ihres Herrn hingewiesen [oder sie angedeutet] haben, sie nicht mehr an Ihm gezweifelt, noch

36. Das heißt am Tag des Gerichts. Dies ist ein Verweis auf die Koranverse 50:19–22 KK: *Und die Trunkenheit des Todes bringt die Wahrheit: »Das ist das, wovor du auszuweichen pflegtest.« Und es wird die Trompete geblasen. Das ist der angedrohte Tag. Und jede Seele kommt, und mit ihr ein Treiber und ein Zeuge. »Du hast dies unbeachtet gelassen. Nun haben Wir deine Decke von dir weggezogen, sodass dein Augenlicht heute scharf ist.«*

37. Koran 42:52 KK.

jemand anderem gedankt, noch einen anderen angerufen haben.

Also wisse, dass das Herzenslicht als Ganzes [betrachtet] sich nicht auseinanderdividieren oder unterteilen lässt, denn es ist [etwas] Fundamentales, von dem alles erscheint, wenn es erscheint, und alles vergeht, wenn es vergeht. Die Dunkelheit des Unglaubens ist [dem] ähnlich, denn bis sie verschwindet, ist sie die Wurzel von allem Unglück. Doch manchmal wird die Strahlkraft [oder Autorität] [des Herzenslichts] schwächer, verbraucht sich oder wird zerstreut. Es gleicht einer Lampe, die eine Lampe bleibt, auch wenn die Kraft ihres Lichts zu- oder abnimmt.

Andererseits nehmen das Licht der Brust (*nūr as-ṣadr*) wie auch dessen Dunkelheit zu oder ab, weil es [etwas] Abgeleitetes ist und sich vom Selbst (*nafs*) nährt. Außerdem wird der Islam dem Licht der Brust zugeordnet, und daher schleichen sich in diesen Aspekt der Religion Unzulänglichkeiten ein. Doch manchmal nimmt dieses Licht in der Brust zu.

Deshalb sollte dir klar sein, dass die Lichter der Brust [verschiedene] Aspekte besitzen und dass [unser] Handeln, in Einklang mit diesen, vom [bestimmten] Zeitpunkt und Ausmaß abhängt. Wenn wir also zu Einsicht über eine Handlung gelangen wollen, wird in unserer Brust das Licht dieser Einsicht [im gewünschten Ausmaß] stärker. Und ebenso wird ihr Licht durch Nichtgebrauch schwächer, denn Träger dieser Art von Wissen ist das Selbst, und genauso, wie das Selbst zunimmt und abnimmt, tun dies auch dessen Handlungen und Eigenschaften.

{60} Dahingegen sind die Lichter des Herzens grundsätzlich voll. Sie gleichen darin der Sonne, die ebenfalls voll leuchtet. Doch wenn es in der Atmosphäre zu irgendwelchen Unzulänglichkeiten kommt, wie Wolken, Nebel oder extremer Hitze oder Kälte, verschleiern diese das Sonnenlicht, die Kraft ihrer Strahlen nimmt ab und die Kraft ihrer Wärme schwindet. Wenn diese Mängel verschwinden, bricht die

Kraft des Lichts [der Sonne] wieder durch, ihre Strahlen leuchten weit und sie gewinnt an Stärke. Die Sonne selbst ist nie unzulänglich, doch ihre Wohltaten werden durch die von mir beschriebenen Mängel blockiert.

Auf ähnliche Weise nimmt – wenn das Licht des Glaubens (*nūr al-īmān*), das Licht der Erkenntnis (*nūr al-ma'rifa*) und das Licht der Vereinigung (*nūr at-tauḥīd*) eingeholt werden von der Düsternis der Unachtsamkeit (*ghafla*), den Wolken der Vergesslichkeit (*nisyān*) oder den Schleiern des Ungehorsams (*'iṣyān*) und die Brust sich anfüllt mit dem Staub der Begierden (*schahawāt*), dem Nebel der Übel des Selbsts und der Verzweiflung über den Geist Gottes (*al-ya's min rūḥ Al-lāh*)[38] – die Strahlkraft dieser Lichter über das Selbst ab und dieses verbleibt allein unter diesen Schleiern und hinter diesen Vorhängen. Werden diese Mängel indes durch Gottes Gnade und Hilfe aus der Brust beseitigt und ist die Reue der Dienerinnen und Diener Gott gegenüber aufrichtig, dann werden die Bedeckung entfernt, die Schleier durchbrochen, die Wohltaten dieser Lichter für das Selbst sichtbar und ihre Strahlkraft breitet sich aus.

Wenn wir mit Gottes Unterstützung über diese Sache meditieren und uns an {61} die Sunna [des Propheten] halten, wird Gott viele der Zweifel aus unserem [äußeren] Herzen tilgen und in unserer Brust die Wurzeln dieser Ungewissheit ausreißen. Dann wird uns Gott zur Betrachtung (*muschāhada*) der Wirklichkeiten (*ḥaqā'iq*) Seiner [Welt der] Verborgenheit (*ghayb*) führen. Jenen, denen Gott den Weg der Einsicht und des Verständnisses erleichtert hat, ist diese Sache klar.

38. Dies ist ein Verweis auf den Koranvers 12:87 KK, in welchem Jakob zu seinen Söhnen sagt: »*Oh meine Söhne, geht und erkundigt euch über Josef und seinen Bruder. Und verliert nicht die Hoffnung, dass Gott Aufatmen* [KP: *Linderung*] *verschafft. Die Hoffnung, dass Gott Aufatmen verschafft, verlieren nur die ungläubigen Leute.*« Gemäß AT-ṬABARĪ: *Dschāmi' al-bayān*, Band 13, Seiten 32–33, bedeutet »über den Geist Gottes zu verzweifeln«, zu verzweifeln über Gottes Macht, uns von Leid und Traurigkeit zu erlösen.

Was das Licht des Urteilsvermögens (*nūr al-aḥkām*) betrifft, welches das Licht der Hingabe (*nūr al-islām*) in der Brust ist, so wird es durch korrektes Betragen und aufrichtiges Bestreben stärker. Sein Leuchten nimmt jedoch ab, wenn wir uns von der Befolgung seiner Wegweisungen (*scharāʾiʿ*) abwenden und keinen Gebrauch davon machen. Es gleicht dem Mond, denn es nimmt zu und ab.

»Islam« ist ein umfassender Begriff für die Wurzel der Religion wie auch für ihr Geäst. Gott vollendete diese Religion mit ihren Ästen und ihren Bestimmungen (*aḥkām*) in etwas mehr als zwanzig Jahren. Doch Er hob einige Bestimmungen auf und ersetzte einige durch andere. In Bezug auf den Glauben (*īmān*), die Erkenntnis (*maʿrifa*) und die Vereinigung (*tauḥīd*) jedoch kann es weder Aufhebung noch Ersetzung geben. Für vernünftige (*ʿāqil*) und [von Gott] unterstützte Menschen, die darüber nachdenken, reicht es aus, den Unterschied zu kennen zwischen dem, was vom Selbst (*nafs*) getragen, und dem, was vom [äußeren] Herzen (*qalb*) getragen wird.

Die Gläubigen hingegen erleben in jedem Augenblick und zu jeder Stunde ein Übermaß an Freundlichkeit von Gott. Überdies werden ihre Stellungen (*marātib*) hinsichtlich der Betrachtung (*muschāhada*) von Gottes Freigiebigkeit immer weiter erhöht, und Stunde um Stunde werden vor ihnen einige der Schleier [der Welt] des Verborgenen (*ghayb*) gelüftet, die zuvor bestanden. Auf dieselbe Art werden die Zustände der Diener und Dienerinnen Gottes manchmal geschwächt, und die Stellungen ihres Herzens werden aufgrund von Unachtsamkeit (*ghafla*) [von anderen Belangen] eingenommen, {62} obwohl die Grundlagen unverändert bleiben.

Die Lichter des Herzens gleichen ebenso einer Lampe, die sich in etwas befindet, das mit Vorhängen verhüllt ist. Im Inneren [der Vorhänge] bleibt sie unverändert, doch sowohl ihr Licht als auch ihr Nutzen sind verborgen und ihre Strahlkraft [ihres Lichts] ist gemindert. Auch gleichen sie einem

Spiegel, der in ein Tuch eingewickelt ist. Im Prinzip bleibt er, wie er war, obschon die Nützlichkeit seiner Oberfläche herabgesetzt ist.

Verstehe, möge Gott dir gnädig sein: Obwohl Gabriel die Herabsendung des offenbarten Buches mit Gottes Wissen übernahm, liegt dessen [des Buches] Wohnsitz im Herzen des Propheten. Gott sagte: *»Sprich: ›Wenn einer dem Gabriel ein Feind ist – denn er hat ihn* [den Koran] *auf dein Herz herabkommen lassen mit der Erlaubnis Gottes […]‹«,*[39] und: *»Der zuverlässige Geist hat ihn herabgebracht, dir ins Herz.«*[40]

TEIL FÜNF

Das innere Herz

Wisse: Weil das innere Herz (*fu'ād*) der Sitz der Schau (*ru'ya*) ist, sieht nur das innere Herz, das [äußere] Herz (*qalb*) hingegen weiß. Wenn in jemandem Wissen und Schau zusammenkommen, wird aus der [Welt der] Verborgenheit (*ghayb*) das [Objekt des] Sehen[s], und der Diener oder die Dienerin erlangt Gewissheit durch Erkenntnis, Betrachtung und die Wirklichkeit des sehenden Glaubens. *Wer einsichtig ist, wird es zu seinem eigenen Vorteil,*[1] und Gott erweist solchen gegenüber wegen ihres Glaubens Seine Gunst durch Führung und Hilfe, *und wer blind ist, ist es zu seinem eigenen Schaden,*[2] und Gott hat aufgrund ihres Unglaubens ein Argument (*ḥudschdscha*) gegen sie. {63} Gott sagte über das Wissen mit Gewissheit (*'ilm al-yaqīn*) und über das Auge der Gewissheit (*'ayn al-yaqīn*): *»Nein, wenn ihr es nur mit Gewissheit wüsstet. Ihr werdet bestimmt die Hölle sehen. Noch einmal: Ihr werdet sie mit völliger Gewissheit sehen.«*[3]

39. Koran 2:97 KK.
40. Koran 26:193–194 KP.

1. Koran 6:104 KK.
2. Ebenda.
3. Koran 102:5–7 KK.

Gott berichtete Seinem Propheten Moses, dass sein Volk sich ein Kalb [zur Anbetung] genommen habe. Moses Zorn wurde groß und er kehrte zu seinem Volk zurück, wütend und voller Gram über das, worüber er durch Gottes Bericht von ihnen Gewissheit erlangt hatte.[4] Er trug die Tafeln [bei sich], und als er sie das Kalb anbeten sah, warf er die Tafeln hin und packte seinen Bruder beim Kopf und zog ihn zu sich heran.[5] Ebenso sagte der Gesandte Gottes: »Gott hatte Erbarmen mit meinem Bruder Moses, denn ein Bericht (*khabar*) ist nicht dasselbe wie das Sehen [mit den Augen] (*mu'āyana*).«[6] Moses wurde von seinem Herrn gesagt: *»Wir haben dein Volk, nachdem du weggegangen warst, einer Versuchung ausgesetzt, und der Sāmirī hat sie irregführt.«*[7] Als er sie dann mit eigenen Augen sah, steigerten sich sein Ärger und sein Zorn.

Schau (*ru'ya*) wird auch dem [äußeren] Herzen (*qalb*) zugesprochen, obwohl das Herz nur sieht in dem Licht, das in ihm ist. Dies wird angedeutet in dem, was Abū Dscha'far Muḥammad ibn 'Alī[8] dem Beduinen entgegnete, der ihn fragte: »Hast du deinen Herrn gesehen?« Er antwortete: »Ich habe noch nie etwas angebetet, das ich nicht gesehen habe.« Der sagte: »Wie hast du Ihn gesehen?« Er antwortete: »Wahrlich, nicht die Augen (*abṣār*) sahen Ihn durch {64} die Schau des Augenlichts, sondern die Herzen (*qulūb*) sahen Ihn durch

4. Siehe Koran 20:86.

5. Die Geschichte von Moses und dem Kalb wird im Koran an verschiedenen Stellen erwähnt, zum Beispiel in 2:51–54, 2:92–93 und 20:85–98. Detaillierter findet sich die Geschichte in AT-THA'LABĪ: *Qiṣaṣ al-anbiyā',* Kairo: al-Maṭba'a wa al-Maktaba as-Sa'īdīya, ohne Datum, Seite 199.

6. Eine Überlieferung, die ähnlich lautet wie der Hadith, der verzeichnet wird von Aḥmad ibn Ḥanbal (*musnad banī hāschim* 1745, 2320). Siehe auch WENSINCK: *Concordance,* II, 5 und IV, 451; sowie AL-HAYTHAMĪ: *Madschma' al-zawā'id,* I 153.

7. Koran 20:85.

8. Dabei handelt es sich offensichtlich um Abū Dscha'far Muḥammad (al-Bāqir) ibn 'Alī al-Ḥusayn ibn 'Alī ibn Abī Ṭālib, den Urenkel von 'Alī ibn Abī Ṭālib und fünften Imam der Schiiten.

die Wirklichkeiten des Glaubens.«[9] Damit deutete er an, dass Schau durch das Herz geschieht, obschon mittels der Wirklichkeiten des Glaubenslichts.

Das [äußere] Herz (*qalb*) und das innere Herz (*fu'ād*) können auch mit dem Wort »Sehkraft« (*baṣar*) bezeichnet werden, denn beide sind Orte der Sehkraft. Gott sagte: *»Gott lässt Nacht und Tag sich abwechseln. Darin ist eine Lehre für Leute, die Einsicht haben«*,[10] und: *»Denkt [darüber] nach, [ihr alle] die ihr Einsicht habt!«*[11] So lernen die Menschen, die Augen haben, eine Lektion, indem sie in den Dingen die Feinheiten (*laṭā'if*) der Göttlichen Kunstfertigkeit erkennen. Sie sind die Herzensmenschen (*ahl al-qulūb*).

Die in Betrachtung Versunkenen (*ahl al-muschāhada*) sind durch das Licht des Glaubens von unterschiedlichem Rang. Den einen werden, aufgrund ihres aufrichtigen Strebens, das Unglück der Unachtsamkeit enthüllt wie auch die Schau des Jenseits aus Sicht ihrer beiden Augen des Herzens, so als hätten sie ihren Blick darauf gerichtet.

Genauso sagte Ḥāritha [zum Gesandten Gottes]: »Ich bin ein wahrer Gläubiger geworden.« Der erwiderte: »Wahrlich, zu jeder Wahrheit (*ḥaqq*) gibt es eine Wirklichkeit (*ḥaqīqa*). Was also ist die Wirklichkeit deines Glaubens?« Er antwortete: »Ich habe mich abgewendet von dieser Welt und meine Nacht schlaflos verbracht und meinen Tag ohne Wasser, und es war, als erblickte ich den Thron meines Herrn, der [vor mir] erschien, und als erblickte ich die Paradiesbewohner (*ahl al-dschanna*) und wie sie einander besuchten sowie die im Höllenfeuer (*ahl an-nār*) und wie sie einander anschrien.« Der Prophet sagte zu ihm: »Du hast gelernt, also fahre damit fort.«[12]

9. In AS-SARĀDSCH: *Kitāb al-luma'*, Seite 350, werden diese Worte 'Alī ibn Abī Ṭālib selbst zugeschrieben und nicht seinem Urenkel.

10. Koran 24:44 KK.

11. Koran 59:2 KP.

12. Zaid ibn Ḥāritha, ein Adoptivsohn Mohammeds, ist der einzige Gefährte des Propheten, der namentlich im Koran (33:37) erwähnt wird. Das arabische

So offenbarte ihm Gott, als Folge der Abwendung seines Selbsts von dieser Welt, das Jenseits, sodass er es {65} im Licht seines Herzens sah. Er sprach nicht über die Station (*maqām*) der Betrachtung (*muschāhada*) Gottes oder über die Betrachtung Seiner Eigenschaften, Gunst, Freundlichkeit oder Herrlichkeit und solcher Dinge, sondern er sprach einzig und allein über sein eigenes Ringen [oder Streben] (*mudschāhada*), das ihm die Betrachtung bescherte des Thrones, des Paradieses und derer, die darin wohnen, sowie des Höllenfeuers und derer, die darin sind. Also ist klar, dass vom Standunkt der Dienerinnen und Diener aus die Lichter und die Kraft der Schau (*ru'ya*) und der Betrachtung (*muschāhada*) durch Gott gestärkt werden.

Ein weiterer Unterschied zwischen dem [äußeren] Herzen (*qalb*) und der Brust (*ṣadr*) liegt darin, dass das Licht der Brust endlich ist, während das Licht des Herzens unendlich und grenzenlos ist. Es erlöscht selbst dann nicht, wenn die Diener und Dienerinnen Gottes sterben, denn falls sie in einem Zustand des Glaubens sterben, bleibt das Licht bei ihnen und verlässt sie weder im Grab noch am Tag der Auferstehung, sondern bleibt auf immer fest bei ihnen. Gott sagte: *»Gott festigt diejenigen, die glauben, im diesseitigen Leben und im Jenseits durch die feste Aussage.«*[13]

Was das betrifft, was die Wegweisungen des Islams vorschreiben (*aḥkām scharā'i' al-islām*), und das, was zum Zweck der Förmlichkeit (*taklīf*) begründet wurde, so endet dies mit dem Tod. Das ist ein ausreichender Beweis für jene, die sich

Manuskript gibt hier nicht den ganzen Text dieses Hadith wieder, der auch nicht in den kanonischen Sammlungen zu finden ist. Mehrere Versionen von ihm finden sich bei AL-HAYTHAMĪ: *Madschma' al-zawā'id*, I, 57, und in vielen der frühen Sufi-Werke wie zum Beispiel AS-SARRĀDSCH: *Kitāb al-luma'*, Seiten 12–13; AS-SULAMĪ: *Kitāb al-arba'īn*, Seiten 5–6; AT-TIRMIDHĪ: *Kitāb al-riyāḍa*, Seite 69, und *Adab an-nafs*, Seite 127; AL-KALĀBĀDHĪ: *at-Ta'arruf*, Seiten 7, 73, 78, 90–91, 94 und 107 (Übersetzung von Arberry, Seite 7); und AL-HUDSCHWĪRĪ: *Kaschf al-maḥdschūb*, Seiten 38–39 (Übersetzung von Nicholson, Seiten 33–34). Ich habe hier die Version von as-Sarrādsch benutzt.

13. Koran 14:27 KP.

zur Vollständigkeit des Glaubens bekennen und dazu, dass er weder zunimmt noch abnimmt. Es ist jedoch ein Argument gegen jene, die beteuern, der Glaube wachse oder schwinde, die ihn anderem Verhalten gleichstellen, die behaupten, jegliches Verhalten sei Glaube und er sei [lediglich] ein Lippenbekenntnis, oder die sagen, Glaube sei tatsächlich ein Akt der Dienenden, oder die einen Unterschied machen zwischen der Wirklichkeit (*ḥaqīqa*) des Begriffs des Glaubens und des Begriffs der Hingabe.

{66} Unter uns handeln diejenigen nicht korrekt, die sich mit Dingen beschäftigen, die ihnen von der Wegweisung her nicht vorgeschrieben sind. Für die Unwissenden bedeutet Schweigen Sicherheit; für die Gelehrten ist das Sprechen eine Ehre [verliehen] von Gott. Verstehst du denn nicht, dass es bei der Befragung der Dienerinnen und Diener im Grab einzig und allein um Prinzipielles geht und nicht um Sekundäres? Sie werden gefragt: »Wer ist dein Herr?«, »Was ist dein Glaube?«, und: »Wer ist dein Prophet?« Sie werden nicht etwa gefragt: »Was waren deine Taten?«, oder auch: »Wie hast du gebetet?« Am Tag der Auferstehung werden sie zuerst über ihren Glauben befragt, erst danach über ihre Taten, eins nach dem anderen. Für ihre Taten werden sie belohnt, bemessen nach der Stärke der Prinzipen, nämlich ihren Absichten.

Das Herz wird nur wegen der Schnelligkeit seiner Wendung *qalb* genannt.[14] Der Gesandte Gottes sagte: »Das Herz gleicht einer Feder, die auf einem weiten Feld am Ast eines Baumes hängt und vom Wind hin- und hergewendet wird.«[15] Damit bezog er sich auf einen Aspekt der Macht Gottes und auf Dessen Freundlichkeit gegenüber Seinen

14. Teil eines Hadith, der verzeichnet wird von Aḥmad ibn Ḥanbal (*musnad al-kūfīyīn* 18830). Siehe auch WENSINCK: *Concordance*, V, 453. *Qalb* bedeutet wörtlich: Veränderung, Umwandlung, Umdrehung.

15. Ein Hadith, der verzeichnet wird von Ibn Mādscha (*al-muqaddima* 85) und von Aḥmad ibn Ḥanbal (*musnad al-kūfīyīn* 18830, 18922). Siehe auch WENSINCK: *Concordance*, II, 323; V, 453.

machtlosen Dienern und Dienerinnen, indem Er ihr Herz im Glauben festigt [oder bindet] und es in der Wahrheit (*ḥaqq*) verankert mittels seines schnellen Wendens, sodass es durch die Macht und die Kraft Gottes nicht von [Seiner] Führung abweicht.

Intelligent ist jener Mensch, der die Bewegung des Herzens nur in dem Maße seinem Selbst zuschreibt, {67} wie es sich für die Dienerschaft (*ʿubūdīya*) gebührt, und über das, was ihn nichts angeht, schweigt. Zudem verfügt er über das [Einsehen], was ihn von der Neugier über Dinge abbringt, die ihn nichts angehen. Wenn das Gebäude seiner Vereinigung (*tauḥīd*) [mit Gott] und die Fundamente seines Glaubens und der Grund seiner Erkenntnis (*maʿrifa*) einstürzen, wer sonst außer ihm selbst könnte sie wieder aufrichten?

Ich habe erklärt, dass der Islam Wissen und Handeln miteinander verbunden hat. Der Beweis liegt in dem, was der Gesandte Gottes antwortete, als Gabriel ihn fragte: »Was ist Islam?« Der Gesandte Gottes sagte: »Islam bedeutet, dass du bezeugst, dass es keinen Gott gibt außer Gott und dass Mohammed der Gesandte Gottes ist, dass du betest, Almosen gibst, im Ramadan fastet und dich auf die Pilgerfahrt nach dem Haus[16] begibst, wenn du dazu einen Weg findest.« Er [Gabriel] entgegnete: »Du hast die Wahrheit gesprochen«, und wir waren erstaunt, dass er ihn gefragt und [seine Antwort] bestätigt hat. Dann sagte er. »Erzähle mir vom Glauben (*īmān*).« Der Gesandte Gottes antwortete: »[Glaube] bedeutet, dass du an Gott glaubst, an Seine Engel, Seine Bücher, Seine Botschafter und den Jüngsten Tag und dass du an die Bestimmung (*qadar*) glaubst,[17] sowohl an ihr Gutes als auch an ihr Übles. Er [Gabriel] entgegnete: »Du hast die Wahrheit gesprochen. Nun erzähle mir von der Tugend (*iḥsān*).« Er sagte: »Tugend bedeutet, dass du Gott verehrst,

16. Das heißt zur Heiligen Moschee in Mekka.
17. Das heißt an die Bestimmung gemäß Gottes ewigem Ratschluss.

als würdest du Ihn sehen, denn auch wenn du Ihn nicht siehst, so sieht Er dich dennoch.«[18]

Also stimmten die beiden [Gabriel und Mohammed] darin überein, dass Islam sowohl Wissen als auch Handeln bedeutet. Er beantwortete seine Frage über den Glauben, und sie waren sich einig, dass er Wissen bedeutet und dass sein Wohnsitz im Herzen liegt. Was die Besten unter den Gläubigen (*khāṣṣat ahl al-īmān*) betrifft, so ziehen sie aus den Überlieferungen des Gesandten Gottes feinen Gewinn, von dem die einfachen Menschen nichts wissen, weil sie durch ihr eigenes Selbst und durch die Betrachtung ihrer eigenen Handlungen vor den Feinheiten der Wahrheit verschleiert sind. Gott hat verfügt, dass die Menschen gemäß ihrem Verstand [hier Plural: *ʿuqūl*] angesprochen werden, und sagte: *»Sprich zu ihnen über sie selbst [in] eindringliche[n] Worte[n].«*[19]

{68} Seine Antwort in Bezug auf die Tugend (*iḥsān*) beschränkt sich allein auf die Betrachtung (*muschāhada*) Gottes. Die Dienerinnen und Diener Gottes schauen ihren Herrn entweder mit ihrem Herzen oder sie sehen mit ihrem Herzen, dass ihr Herr sie anschaut. In dieser Überlieferung steckt vielfältiger Nutzen, den die einfachen Menschen nicht verstehen. Doch dies ist nicht der Ort, ihnen darüber Aufschluss zu geben.

Der Gesandte Gottes erläuterte, dass die Stationen (*maqāmāt*) der Gläubigen ihren Rangstufen [oder Stellungen] (*marātib*) entsprechen, denn er brachte Tugend (*iḥsān*) in Ver-

18. Ein Hadith, der verzeichnet wird von al-Bukhārī (*al-īmān* 48, *tafsīr al-qur'ān* 4404), von Muslim (*al-īmān* 9, 10, 11), at-Tirmidhī (*al-īmān* 2535), von an-Nasā'ī (*al-īmān* 4904, 4905), von Abū Dāwūd (*as-sunna* 4075), von Ibn Mādscha (*al-muqaddima* 62, 63) sowie von Aḥmad ibn Ḥanbal (*musnad al-ʿaschara al-mubaschscharīn bi al-dschanna* 179, 346; *bāqī musnad al-mukthirīn* 9137). Siehe auch Noah Ha Mim Keller: *The Reliance of the Traveller,* Seiten 807–815; sowie Wensinck: *Concordance,* I, 467. Das arabische Manuskript enthält nur wenige der ersten Wörter dieser Überlieferung. Die Übersetzung des Rests des Hadith folgt der Version von Muslim (*al-īmān* 9).

19. Koran 4:63 kK.

bindung mit Schau (*ru'ya*). Der Sitz der Schau ist das innere Herz (*fu'ād*). Gott sagte: »*Nicht erlog das Herz, was er sah.*«[20] Das [Wort] *fu'ād* leitet sich ab von *fā'ida,* Nutzen [oder Gewinn], denn das innere Herz erkennt den Nutzen von Gottes Liebe. Das innere Herz gewinnt durch die Schau, während das [äußere] Herz sich am Wissen erfreut. Doch solange das innere Herz nicht sieht, vermag das [äußere] Herz aus seinem Wissen keinen Nutzen zu ziehen.

Verstehst du nicht, dass das Wissen der Blinden, wenn sie zur Zeugenschaft aufgerufen sind, unbrauchbar ist, weil sie der Sicht beraubt sind? Auch wenn ihr Wissen wahrhaftiges Wissen ist, ist ihre Autorität nichtsdestotrotz unsicher wegen der Entkräftung (*dscharḥ*) ihrer Aussage durch den Richter aufgrund ihrer Blindheit, auch wenn sie gerecht (*'adl*) sind. Darin liegt ein Sinnbild (*ischāra*) für jene, denen Gott ein Verständnis der Religion gewährt hat.

Gott sagte: »*Auf dass ihr Zeugen über die Menschen seid.*«[21] Wie könnte jemand Zeugnis ablegen von etwas, das er weiß, aber nicht gesehen hat? In der Geschichte von Josef und seinen Brüdern erwähnte Gott, das diese sagten: »›*Wir bezeugen nur das, was wir wissen, und wir können nicht Hüter sein über das,* {69} *was verborgen ist*‹«,[22] denn sie hatten das Trinkgefäß in der Satteltasche ihres Bruders nicht gesehen, noch hatten sie gesehen, wie es von Josefs Freund auf dessen Aufforderung dort hineingetan worden war, damit [sie nicht wüssten dass] es nicht gestohlen worden war.

Gott hat uns wahrlich Ehre erwiesen mit dem Koran, Seinem allerprächtigsten Meer. Er hat ihn gefüllt mit dem Juwel [Seiner] großzügigen Gaben und ihn zu einem der Schätze [Seiner] Gnaden gemacht. Gesegnet ist, wem Gott, im Geheimen wie auch offen, Ehre erweist mit Anteilen an der Weisheit und der Beredsamkeit, die in ihm stecken.

20. Koran 53:11 KH.
21. Koran 22:78 KK.
22. Koran 12:81 KK.

Ein Wissender sagte: »Das innere Herz heißt nur deswegen *fu'ād,* weil sich darin tausend Täler (*alfu wād*) befinden. Gehört das innere Herz einem Weisen, so fließen in seinen Tälern die Lichter des Wohlwollens, der Freigiebigkeit und der Freundlichkeit Gottes.«

Der Ausdruck »inneres Herz« (*fu'ād*) ist in seiner Bedeutung genauer als das Wort »[äußeres] Herz« (*qalb*). Dennoch liegen ihre Bedeutungen nahe beieinander, so wie diejenigen der Wörter »barmherzig« (*raḥmān*) und »gnädig« (*raḥīm*). Der Beschützer des [äußeren] Herzens ist der Barmherzige, denn es ist der Sitz des Glaubens, und die Gläubigen haben ihr Vertrauen kraft ihres Glaubens in den Barmherzigen gesetzt. Gott sprach: *»Sagt: ›Er ist der Barmherzige. An Ihn glauben und Ihm vertrauen wir.‹«*[23]

Der Beschützer des inneren Herzens ist dagegen der Gnädige. Gott sagte: *»Meine Gnade umfasst alle Dinge, daher werde Ich sie für jene bestimmen, die gottesfürchtig sind«*[24] und *»dir damit das Herz festigen.«*[25]

{70} Gott beschrieb Sein Binden [oder Festigen] (*rabṭ*) des Herzens Seiner Diener und Dienerinnen, als Er in der Geschichte der Höhlengefährten (*aṣḥāb al-khaf*) sagte: *»Und Wir festigten* [banden] *ihre Herzen, als sie aufstanden«,*[26] und in der Geschichte von der Mutter des Moses: *»Wenn Wir nicht ihr Herz gefestigt* [gebunden] *hätten.«*[27] Die in der Exegese Bewanderten (*ahl at-tafsīr*) haben gesagt, das Festigen des Herzens geschehe mittels des Lichts der Vereinigung (*nūr at-tauḥīd*). Das ist deshalb so, weil das Herz weiß und als [etwas] Wissendes einer stärkenden Bindung bedarf, um im Gedenken Gottes zur Ruhe zu kommen.

Das innere Herz (*fu'ād*) andererseits schaut und sieht, weswegen es von [einem Zustand der] Leere (*farāgha*) befallen wird. Es braucht nicht gebunden zu werden, sondern bedarf

23. Koran 67:29 KP.
24. Koran 7:156 KK.
25. Koran 25:32 KP.
26. Koran 18:14 KK.
27. Koran 28:10 KK.

vielmehr der unterstützenden Hilfe von [Gottes] Führung. Gott sagte: *»Und es ward das Herz der Mutter Mosis* [...] *leer, dass sie ihn fast verraten hätte.«*[28] Gott schrieb also dem inneren Herz Leere zu und zog es dem [äußeren] Herzen (*qalb*) vor, denn letzteres braucht Bindung. Zudem schaut und sieht das innere Herz, während das [äußere] Herz lediglich weiß, und wie der Gesandte Gottes sagte: »Ein Bericht (*khabar*) ist nicht dasselbe, wie das Sehen [mit den Augen] (*mu-ʿāyana*).«[29]

TEIL SECHS

Der Herzensverstand

Der Herzensverstand (*lubb*) ist die höchste Erhebung und die reinste Station des Herzens. Er gleicht einer festen, unbeweglichen Achse. Der Herzensverstand hält die Religion aufrecht, denn alle Licher hängen von ihm ab und umkreisen ihn. Diese Lichter gelangen nur zur Vollkommenheit und ihre Kraft wird nur wirksam durch die Folgerichtigkeit des stärkenden Herzensverstandes, und nur seine Standhaftigkeit macht sie beständig und nur seine Existenz {71} lässt sie da sein. Der Herzensverstand ist der Sitz des Lichts der Vereinigung (*nūr at-tauḥīd*) und des Lichts der Betrachtung der Einzigartigkeit [Gottes] (*nūr muschāhada at-tafrīd*), denn durch den Herzensverstand werden die Wirklichkeit der Loslösung [von dieser Welt] und das Licht der Lobpreisung [Gottes] den Dienerinnen und Dienern zu eigen.

Der Herzensverstand (*lubb*) ist ein gleichmäßiges Leuchten, ein bestelltes Feld und ein eingeprägtes Verständnis. Er ist anders als das Gemischte, das in das Selbst eintritt, denn er ist ein unverfälschtes Licht von der Art des Wesentlichen.

28. Ebenda KH.
29. Vergleiche Fußnote 6, Seite 51.

Dieser Herzensverstand, der dasselbe ist wie die Fähigkeit des Verstandes (*ʿaql*), ist in den Grund der Vereinigung (*tauḥīd*) gepflanzt und sein Nährboden ist das Licht der Einzigartigkeit (*nūr at-tafrīd*). Er wurde berieselt vom Wasser der Freundlichkeit [Gottes] aus dem Meer der Lobpreisung, bis seine Wurzeln vollgesogen waren mit den Lichtern der Gewissheit (*anwār al-yaqīn*), denn Gott kümmerte sich um seine Pflege und übernahm sie mittels Seiner Macht aus eigener Hand ohne Vermittler. Er pflanzte ihn in den Garten der Zufriedenheit und schützte [ihn] dann mit der Mauer der Bewahrung. Diese verankerte Er in Seiner Ewigkeit (*azalīya*), in Seiner Endlosigkeit (*abadīya*) und in Seiner unanfänglichen Ursprünglichkeit (*awwlīya*), sodass das tierische Selbst mit seinen Leidenschaften und seiner Unwissenheit nur schwer an ihn herankam, genauso wenig wie die Raubtiere aus der Wüste des Irrtums oder das andere Getier, das für das Selbst so typisch ist, wie die Überheblichkeit, die Dummheit oder die Fehler.

Der Herr ist der Besitzer und Beschützer (*walī*) dieses Gartens, und er ist der schönste aller Gärten, denn er ist der Garten des Glaubens. Gott hat seine Bepflanzung, Bewässerung und Pflege übernommen, sodass seine Bäume mit der Hilfe des Gnädigen {72} und der großzügigen Gabe der Früchte der Wohltat das Licht des Glaubens (*nūr al-īmān*) hervorbrachten. Gott sagte: »*Gott hat euch den Glauben lieb und in euren Herzen verlockend gemacht.*«[1]

Dies ist die Erklärung des Wortes *lubb* (Herzensverstand): Es besteht aus den [arabischen] Buchstaben *lām* und *bāʾ*. Es beginnt mit *lām,* so wie das *lām* im Wort *lutf* (Freundlichkeit). Das *bāʾ* ist verdoppelt, denn obwohl es als eines geschrieben wird, ist es einer der Buchstaben einer verdoppelten Wurzel (*muḍāʿaf*)[2] und in Wirklichkeit zwei: Diese sind

1. Koran 49:7 KK.
2. In arabischen Wörtern mit »verdoppelter Wurzel« sind die letzten beiden der drei Wurzelbuchstaben dieselben.

das *bā'* von *birr* (Güte) am Anfang (*bidāya*) und das *bā'* von *baqā'* (Verbleiben), auf welchem Segen (*baraka*) liegt. Dieses Licht[3] besteht aus keinem anderen Grund als dem der Gnade des Öffners der Türen, denn die Wurzel von allem, was Gott Seinen Dienern und Dienerinnen vom Stamm der Religion (*uṣūl ad-dīn*) gewährt hat, ist Seine Gnade, [die Er] ohne [bestimmten] Zweck [schenkt]. Dann schuf Er die Zweige der Religion (*furū' ad-dīn*) zum Zweck der Dienerschaft (*'ubūdīya*).

Das Ringen (*mudschāhada*) der Dienerinnen und Diener Gottes ist verbunden mit der Unterstützung durch die Herrschaft (*rubūbīya*) und mit der Führung durch die Göttlichkeit (*ulūhīya*), denn deren Streben kann nicht gelingen außer mit gleichzeitiger Hilfe Gottes und [Seiner] vorangegangenen wohlwollenden Aufmerksamkeit in Form [Seiner] gütigen Vorsorge und gewogenen Bestimmung. Daher war der Herzensverstand das Erste, was Gott in der Ewigkeit bevorzugte, auf dass gute Taten Seinen Dienern und Dienerinnen leichtfallen würden.

Wisse, dass Herzensverstand nur die Gläubigen (*ahl al-īmān*) besitzen; sie sind die besten Dienerinnen und Diener des Gnädigen und sie haben sich dem Gehorsam gegenüber dem Schutzherrn (*al-Maulā*) zugewandt und dem Selbst und dieser Welt den Rücken gekehrt. Gott hat sie gekleidet {73} in das Gewand der Gottesfurcht und alle Arten von Kummer von ihnen ferngehalten. Er nannte sie »die Einsichtigen« [oder »die Verstand besitzen«] (*ulū al-albāb*) und begünstigte sie mit [Seiner] Ansprache (*khiṭāb*). Er hat sie auf verschiedene Weise gewarnt und sie an vielen Stellen der Schrift gelobt. So sagte Er: *»Fürchtet Gott, ihr Einsichtigen,«*[4] *»[Daher] fürchtet Mich, die ihr Verstand habt«,*[5] *»Das sind jene, die Allāh recht geleitet hat: so folge ihrem Weg«,*[6] *»Und wem die Weisheit geschenkt wird, dem wird viel Gutes geschenkt. Jedoch bedenken*

3. Das heißt der Herzensverstand.
4. Koran 5:100 kK.
5. Koran 2:197 kP.
6. Koran 6:90 (91 kT).

es nur die Einsichtigen«,[7] *»Damit sie dadurch gewarnt werden und wissen, dass Er [nur] ein einziger Gott ist, und damit diejenigen, die Verstand haben, sich mahnen lassen«,*[8] und: *»Damit sie seine* [des Buches] *Zeichen betrachten und damit die Einsichtigen es bedenken.«*[9]

So pries Gott jene, die Herzensverstand besitzen, und stellte ihre Rangstufen (*marātib*), ihre inneren Ansichten (*sarā'ir*) gegenüber ihrem Herrn und ihre Verdienste im Verhältnis zu ihrer Intelligenz, Fassungskraft und Einsicht heraus, sodass Er es unsereins verunmöglichte, ihre Zustände (*aḥwāl*) zu verstehen; denn Er hat sie mit dem Licht des Herzensverstandes (*nūr al-lubb*) begünstigt in einem Maß, wie Er es mit anderen nicht getan hat.

Unter den allgemein Gebildeten [und Belesenen] (*ahl al-adab*) und jenen, die der [arabischen] Sprache einigermaßen mächtig sind, ist der Herzensverstand (*lubb*) [dasselbe wie] die Fähigkeit des Verstandes (*'aql*). Doch es besteht ein Unterschied zwischen den beiden so wie zwischen dem Licht der Sonne und dem Licht einer Lampe, {74} obschon beides Licher sind. Das ist ziemlich offensichtlich, denn wir sehen selten zwei vernunftbegabte Wesen, die von gleicher Strahl- und Verstandeskraft wären. Im Gegenteil: Eines von beiden wird dem anderen überlegen sein aufgrund eines gewissen Grades stärkerer Bevorzugung gegenüber dem anderen. Was also denkst du über einen Menschen, den Gott mit Wissen über Sich begünstigt hat, den Er mit der Freigiebigkeit Seiner Freundlichkeit geehrt und über den Er wie über keinen anderen aus den Meeren Seiner Güte ausgegossen hat?

Verstand (*'aql*) ist ein vielschichtiger Begriff und seine Strahlkraft nimmt ab und zu. Er ist [beides:] grundlegend und [gleichzeitig] abgeleitet, denn er wird stärker mit der Stärke seiner Grundlagen und er nimmt zu mit der Zunahme seiner Strahlkraft.

7. Koran 2:269 KK.
8. Koran 14:52 KP.
9. Koran 38:29 KK.

Die erste Station (*maqām*) des Verstandes ist der angeborene Verstand (*'aql al-fiṭra*). Diese ist die [Stufe], die ein Kind erlangt oder ein Mensch, der sich vom Irrsinn erholt. Er kann [auf dieser Stufe] verstehen, was zu ihm gesagt wird, denn wir können ihm etwas verbieten oder auftragen, und er wählt kraft seines Verstandes zwischen Gut und Böse und kennt den Unterschied zwischen Respekt und Missachtung, zwischen Gewinn und Verlust, zwischen Nachbarn und Menschen aus der Ferne und zwischen Verwandten und Fremden.

Etwas anderes ist der argumentierende Verstand (*'aql al-ḥudschdscha*). Dies ist [die Station], auf der die Diener und Dienerinnen würdig werden, von Gott angesprochen zu werden.[10] Mit dem Erreichen der Pubertät wird [in ihnen] das Licht des Verstandes (*nūr al-'aql*), das wir beschrieben haben, durch das Licht der Bekräftigung (*nūr at-ta'yīd*) gestärkt, denn das [letztere Licht] kräftigt den Verstand, sodass die Dienerinnen und Diener Gottes Ansprache (*khiṭāb*) erlangen.

Etwas [Drittes] ist der Verstand, der auf Erfahrung beruht (*'aql at-tadschriba*). Er ist der nützlichste und vorzüglichste unter den dreien, denn durch Erfahrung wird der Diener oder die Dienerin klug (*ḥakīm*) und vermag zu erkennen, was noch nicht ist, aufgrund dessen, was bereits war. Der Gesandte Gottes sagte: {75} »Niemand wird weise, solange er keine Erfahrung macht, und niemand erlangt Einsicht, solange er keine Fehler begeht.«[11]

Eine weitere [Art] ist der geerbte Verstand (*'aql mawrūth*), den wir folgendermaßen beschreiben können. Ein vernünftiger, weiser, gebildeter, einsichtiger und würdevoller alter Mensch müht sich ab mit einem törichten Kind, das aus der Gesellschaft mit ihm keinen Nutzen zieht. Nun stirbt dieser

10. Das heißt, auf der sie fähig werden, die Beweisführung zu verstehen, die Gott ihnen im Koran zukommen lässt.

11. Ein Hadith, der verzeichnet wird von at-Tirmidhī (*al-birr wa-as-ṣila* 1956) und von Aḥmad Ibn Ḥanbal (*bāqī musnad al-mukthirīn* 10634, 11234). Siehe auch Winsinck: *Concordance*, I, 504.

vernünftige Mensch, und Gott vermacht kraft Seines Segens dem törichten Kind dessen Verständnis, Einsicht und Erkenntnis, Fähigkeit, Würde, Gelassenheit und Charakter. Sogleich ändert sich die Verfassung des Kindes und es wird würdig und vernünftig, wie es sein Vorfahr war. Man erkennt dies erst im Augenblick des Todes des vernünftigen alten Menschen und der Verwandlung des törichten, unwissenden Kindes. Das Kind erbt [nicht] nur den Verstand des alten Menschen, [sondern] der Segen von dessen Gebeten und das Licht von dessen Erkenntnissen erreichen ihn ebenso. Gott ist so freundlich, dies durch Sein Wohlwollen und Seinen Großmut zu bewerkstelligen.

Die Nutzen jedes dieser Aspekte [des Verstandes] entsprechen dem jeweiligen [Aspekt]. Und dank dieser Aspekte des Verstandes werden wir fähig, mit anderen Menschen zu verkehren, und diese können ihrerseits aus uns Nutzen ziehen. Allerdings ist es möglich, dass sich alle diese Aspekte [des Verstandes] bei Menschen finden, die nicht an Gott und den Jüngsten Tag glauben, wie etwa die Philosophen (*falāsifa*) und die Weisen (*ḥukamā'*) aus Indien und dem Byzantinischen Reich und anderen, denn diese Verstandesvariationen dienen nur der Stärkung des Selbsts und dem großtuerischen Umgang mit Menschen in dieser Welt.

Doch unter [all] diesen [Aspekten] ist der nützlichste der ausgewogene Verstand (*'aql al-mauzūn*), der sich durch das Licht der Göttlichen Führung einstellt. {76} Er ist [derselbe wie] der Herzensverstand (*lubb*), den ich soeben beschrieben habe. Er wird auch »Verstand« (*'aql*) genannt, und dabei wird das Wort »Verstand« metaphorisch, aber im Rahmen seiner sprachlichen Bedeutung, benutzt, um Wissen zu bezeichnen. Doch die Einsichtigen [oder »die Verstand besitzen«] (*ulū al-albāb*) sind die Gottesgelehrten (*'ulamā bi Allāh*), und nicht jeder vernünftige Mensch ist ein Gottesgelehrter (*'ālim bi Allāh*), obwohl jeder Gottesgelehrte vernünftig ist. Gott sagte: »*Nur die Wissenden verstehen sie* [die Gleichnisse].«[12]

Der Verstand hat noch andere Namen. Er wird auch *ḥilm* [im Sinne von »Unterscheidungsvermögen«] genannt, *nuhā* [i.S.v. »zu Ende denken«], *ḥidschr* [i.S.v. »Überwinden von Denkblockaden«] und *ḥidschā* [i.S.v. »spöttischem Verstand«]. Gott sagte: *»Darin liegen Zeichen für Leute, die Verstand* (*ulū an-nuhā*) *haben«,*[13] und: *»Ist hierin ein Schwur für den Einsichtsvollen* (*dhū ḥidschr*)*?«.*[14] Der Gesandte Gottes sagte: »Lasst die Reifen und Vernünftigen (*ulū al-aḥlām wa an-nuhā*) unter euch mir folgen, dann diejenigen, die diesen folgen.«[15]

Es wurde gesagt, der Verstand (*ʿaql*) binde (*yaʿqilu*) das Selbst davor zurück, den Leidenschaften zu folgen, so wie die Fußfessel (*ʿiqāl*) ein Reittier vom Weideland zurückhält. Das Wort »Verstand« [und »Denken« und »Vernunft«] ist ein Sammelbegriff und [mit diesen anderen Ausdrücken] austauschbar, doch ist er der einzige, der sich beugen lässt. Man sagt: »Ich denke [vernünftig]« (*aʿqilu*), »er denkt [vernünftig]« (*yaʿqilu*), »ein [vernünftiges] Denken« (*ʿaqlan*), »er ist ein [vernünftig] Denkender« (*ʿāqil*), und »das ist vernünftig [gedacht]« (*maʿqūl*).

{77} Gott sagte: *»Darin ist ein Zeichen für Leute, die verständig sind.«*[16] Das bedeutet, die [Dienerinnen und Diener] sollten vernünftig denken über Gottes Gebote und Verbote, Seine Ermahnungen, Sein Versprechen (*waʿd*) und Sein Drohen (*waʿīd*), und sie sollten Seine Absicht (*murād*) in den Dingen verstehen, insofern Er ihnen beisteht und ihnen den Weg zeigt, Seine Gebote einzuhalten und Seine Verbote zu beachten.

12. Koran 29:43 KP. Der vollständige Vers lautet: *»Das sind die Gleichnisse, die Wir den Menschen prägen. Nur die Wissenden verstehen sie.«*

13. Koran 20:54 KP und 20:128 KK (»...die Vernunft haben«).

14. Koran 89:5 KH.

15. Ein Hadith, der verzeichnet wird von Mulsim (*as-ṣalā* 654), von an-Nasāʾī (*al-imāma* 798, 803) von Ibn Mādscha (*iqāmat as-ṣalā wa al-sunna fīhā* 966), von Aḥmad ibn Ḥanbal (*musnad al-schāmīyīn* 16482) und von ad-Dārimī (*as-ṣalā* 1238). Siehe auch WENSINCK: *Concordance*, I, 504.

16. Koran 16:67 KK.

Nichts [von diesem vernünftigen Denken] könnte [in ihnen] existieren ohne Gottes Freundlichkeit und Wohlwollen ihnen gegenüber. So begünstigt Er sie gegenüber anderen durch den [oben] beschriebenen Verstand und [dessen] wohlbekanntes Licht. Solche [Menschen] sind gebildet in Bezug sowohl auf die Grundlagen der Religion als auch auf deren Ableitungen. Andererseits kennen [längst] nicht alle, die die Ableitungen kennen, auch die Grundlagen, denn das Verständnis der Wissenschaft der Rechtsurteile (*fiqh fī ʿilm al-aḥkām*) ist weitgehend. Letztere [Menschen] sind bloß durch das Studium gebildet und lediglich Träger von Verständnis und Wissen. Überdies ist »Verständnis« (*fiqh*) ein anderes Wort für »Wissen« (*ʿilm*) und wird als ein Ausdruck davon gebraucht. Man sagt, Soundso lernt [entweder durch] *yatafaqqahu* oder [durch] *yataʿallamu.*[17]

Wirkliches Verständnis aber ist Herzensverständnis. Der Gesandte Gottes sagte: »Mancher Träger von Wissen besitzt kein [eigenes] Wissen, und mancher Mensch trägt sein Wissen einem anderen an, der mehr Wissen besitzt als er.«[18] Der Weise (*al-ḥakīm*)[19] sagte: »Wer nicht die Not als Segen und die Zufriedenheit als Elend versteht, versteht gar nichts.« Al-Ḥasan[20] sagte: »Verständnis besitzt nur der Mensch, der enthaltsam in dieser Welt und begehrlich nach der nächsten ist, sich seiner Verfehlung bewusst ist und treu in seinem Gehorsam gegenüber seinem Herrn.«

Zu Beginn dieses Buches habe ich darauf hingewiesen, dass der Sitz des Verständnisses (*fiqh*) im Inneren der Brust der Studierenden liegt und dass sein Licht im Verlauf von Stu-

17. Dieses Wortspiel ließe sich vielleicht auch übersetzen als: Man lernt entweder durch Belehrung (*yatafaqqahu*, siehe Koran 9:122) oder durch Beschwerung (im Sinne von »Leiden«, *yataʿallamu*) [A.d.d.Ü.].

18. Ein Hadith, der verzeichnet wird von at-Tirmidhī (*al-ʿilm* 2582), von Ibn Mādscha (*al-muqaddima* 226), von Abū Dāwūd (*al-ʿilm* 3175), von Aḥmad ibn Ḥanbal (*musnad al-ansār* 20608) und von ad-Dārimī (*al-muqaddima* 229, 231). Siehe auch Wensinck: *Concordance*, I, 516.

19. Vielleicht ist hier Luqmān al-Ḥakīm gemeint. Siehe Fußnote 28, Seite 43.

20. Al-Ḥasan ibn ʿAlī ibn Abī Ṭālib, Enkelsohn des Propheten.

dium und Übung zunimmt. Die Lichter von Verständnis (*fiqh*) und Verstehen (*fahm*) verästeln sich für sie, {78} und im Licht ihres Verständnisses können sie Fragen interpretieren und das, was sie nicht wissen, dann von dem ableiten, was diesen Fragen ähnlich ist, was ihnen gleicht und ihrer Bedeutung nahekommt.

Das Verstehen im Religiösen [Zusammenhang] (*fiqh fī ad-dīn*)[21] andererseits ist jenes Licht, das Gott ins Herz Seiner gläubigen Diener und Dienerinnen wirft. Es gleicht einer Lampe, mittels derer sie sehen. Dieses Licht besitzen weder die Ungläubigen noch die Heuchler, denn Gott sagte: *»Aber die Heuchler haben [eben] keinen Verstand.«*[22]

Was die Verständigen [oder Rechtsgelehrten; hier Singular: *faqīh*] betrifft, deren Herz Gott mit dem Licht des Sehens (*nūr al-baṣar*) erhellt hat, so sind sie jene, auf die der Gesandte Gottes anspielte, als er sagte: »Wenn Gott es mit Seinem Diener gut meint, schenkt Er ihm ein Verständnis des Religiösen und zeigt ihm die Fehler seines Selbsts auf sowie das Kranke an dieser Welt und dessen Heilmittel.«[23] Diejenigen, in denen Gott diese beiden Arten von Wissen vereinigt,[24] sind bekannt als »der rote Schwefel« (*al-kibrīt al-aḥmar*),[25] »die größten Gelehrten« [hier Sg: *al-ʿālim al-akbar*] und »die fähigsten Intellektuellen« [Sg: *al-labīb al-awfar*].

Die Auslegung (*istinbāṭ*)[26] von rechtlichen Beurteilungen (*aḥkām*) durch die Gelehrten [Sg: *faqīh*] ist die Auslegung

21. Im Gegensatz zum weiter oben erwähnten »Verständnis der Wissenschaft der Rechtsurteile«. Das Wort *fiqh* wird verwendet sowohl für ein durch Studium erlangtes gelehrtes Verständnis als auch für ein durch Göttliche Erleuchtung erlangtes tieferes Verstehen der Religion.

22. Koran 63:7.

23. Siehe AL-MUTTAQĪ: *Kanz al-ʿummāl:* V, Nr. 4072 und 4098.

24. Das heißt gelehrtes Verständnis und religiöses Verstehen.

25. Das heißt der Stein oder das Elixier der Weisen, dem die Kraft zugeschrieben wird, einfache Metalle in Gold oder Silber zu verwandeln. Siehe M. ULLMANN: Artikel "Al-Kibrīt" in *The Encyclopedia of Islam,* Band V, Seiten 88–90.

26. Eine Erörterung der Wissenschaft der Interpretation (*istinbāṭ*) ist zu finden in AS-SARRĀDSCH: *Kitāb al-lumaʿ,* Seiten 30–35 der englischen Zusammenfassung und Seiten 105–119 des arabischen Textes.

von Fragen in Übereinstimmung mit der Sunna [zum Zweck der] Anwendung der Wegweisung (*scharī'a*). Die Auslegung durch Menschen mit Verständnis des inneren Wissens (*bāṭin al-'ilm*) ist jedoch die Auslegung gedanklicher Eingebungen (*khawāṭir*) [im Herzen] in Übereinstimmung mit der Wirklichkeit (*al-ḥaqīqa*) und der Kontemplation der Herrschaft (*ar-rubūbīya*).

Die unterschiedlichen Verdienste dieser beiden [Gruppen] werden ausschließlich in der Auslegung der inneren (*bāṭin*) und der äußeren (*ẓāhir*) Bedeutung eines von Gott geoffenbarten Verses deutlich, eines Verses, dessen äußere Form eine rechtliche Beurteilung (*ḥukm*) verlangt, aber unter dessen äußerlichem Ausdruck, in seiner inneren Bedeutung, ein [symbolischer] Hinweis (*ischāra*) {79} und ein Wissen (*'ilm*) liegen. Die Gelehrten [Sg: *faqīh*] geben eine Interpretation in Übereinstimmung mit dem Beweisgrund Gottes (*ḥudschdschat Allāh*),[27] während die Weisen [Sg: *ḥakīm*] eine Auslegung liefern, die übereinstimmt mit der von Gott beabsichtigten Bedeutung, und auf Seinen Weg verweisen mittels dessen, was [ihnen] aus subtilen Hinweisen (*laṭā'if al-ischārat*) klar geworden ist. [Ihre] Auslegung ist in Übereinstimmung mit der Vereinigung (*tauḥīd*) und enthüllt eine Bedeutung, der Gott zustimmt.

TEIL SIEBEN
Die Lichter des Herzens

Obwohl sie unterschiedliche Namen tragen, sind die Lichter, die ich zu Beginn dieses Buches beschrieben habe, wie das Licht der Hingabe (*nūr al-islām*), das Licht des Glaubens (*nūr al-īmān*), das Licht der Erkenntnis (*nūr al-ma'rifa*) und das Licht der Vereinigung (*nūr at-tauḥīd*), einander ähnlich

27. Das heißt mit Gottes Beweisführung gegenüber den Menschen, wie Er sie Seinen Propheten offenbarte. Siehe Koran 6:83 und 6:149.

und keine Gegensätze. Jedes einzelne dieser Lichter verschafft im Rahmen seiner Stellung Vorteile, wie sie keines der anderen zu bringen vermag.

So erzeugt das Licht der Hingabe Furcht (*khawf*) und Hoffnung (*radschā'*), das Licht der Vereinigung erzeugt Furcht und Hoffnung, das Licht des Glaubens erzeugt Furcht und Hoffnung und das Licht der Erkenntnis erzeugt Furcht und Hoffnung. Gleichermaßen werden alle anderen Zustände (*aḥwāl*), die dem Herzen entspringen, wie Dankbarkeit (*schukr*), Geduld (*ṣabr*), Liebe (*maḥabba*), Scheu (*ḥayā'*), Rechtschaffenheit (*ṣidq*) und Treue (*wafā'*), von diesen inneren Lichtern (*anwār al-baṭīn*) erzeugt. Ich werde allerdings, mit Gottes Hilfe, nur diese eine Gruppe erklären.[1]

Wisse also, dass vom Licht der Hingabe (*nūr al-islām*) die Furcht vor dem letzten Ende (*khawf al-khātima*) sowie die Hoffnung auf einen guten Ausgang [des Lebens] (*radschā' ḥusn al-'āqiba*) hervorgerufen werden. Gott sagte: {80} »›*Ihr dürft nicht sterben, ohne [Gott] ergeben zu sein.*‹«[2] In der Geschichte Josefs sagte Er auch: »›*Berufe mich als gottergeben ab und stelle mich zu den Rechtschaffenen.*‹«[3] Das Licht des Glaubens erzeugt die Furcht vor üblen Geschehnissen (*ṭawāriq as-sū'*) wie auch die Hoffnung auf gute Ereignisse (*ṭawāriq al-khayr*) zu allen Zeiten.

Das Licht der Erkenntnis ruft die Furcht vor der Vorgeschichte (*sābiqa*)[4] und die Hoffnung auf die Vorgeschichte hervor. Das Licht der Vereinigung erzeugt die Furcht vor den Wirklichkeiten (*ḥaqā'iq*) und die Hoffnung auf die Wirklichkeiten. Furcht dieser Art entspringt der Kontemplation

1. Das heißt, was zu Furcht und Hoffnung gehört.

2. Koran 2:132 KP; hier spricht Abraham.

3. Koran 12:101 KK; hier ist es Josef, der spricht.

4. Gemeint ist die Furcht vor dem bereits vorausgegangenen Urteil Gottes, also vor dem, was Er in Seiner Ewigkeit vorherbestimmt hat. Siehe AL-BUSTĀNĪ: *Muḥīt al-muḥīt*, I, 918, wo *as-sābiqa* definiert wird als *al-'ināya al-azalīya* oder »die ewige Vorsehung«. Siehe auch AS-SARRĀDSCH: *Kitāb al-luma'*, Seite 24 der englischen Zusammenfassung und Seite 84 des arabischen Textes.

der Herrschaft. [Das bedeutet,] wir fürchten Gott und niemanden außer Ihm und wir legen unsere Hoffnungen in Ihn und in niemanden außer Ihn. All die anderen erwähnten Zustände lassen sich auf dieselbe Art erklären, wie ich es dir beschrieben habe.

Diese Lichter gleichen dem Gebirge. Hingabe (*islām*) ist ein Berg im Land der Brust (*ṣadr*); Glaube ist ein Berg am Ort des [äußeren] Herzens (*qalb*); Erkenntnis ist ein Berg in der Wohnstätte des inneren Herzens (*fu'ād*); und Vereinigung ist ein Berg in der Ruhestätte des Herzensverstandes (*lubb*).

Auf dem Gipfel jedes dieser Berge sitzt ein Vogel. Der Vogel auf dem Berg der Brust ist das verführende oder niedere Selbst (*nafs al-ammāra bi al-sū'*); der Vogel auf dem Berg des [äußeren] Herzens ist das inspirierende Selbst (*nafs al-mulhama*); der Vogel auf dem Berg des inneren Herzens ist das tadelnde Selbst (*nafs al-lawwāma*); und der Vogel auf dem Berg des Herzensverstandes ist das beruhigte oder vertrauende Selbst (*nafs al-muṭma'inna*).

Das verführende Selbst {81} fliegt in den Tälern des Beigesellens (*schirk*), des Zweifels (*schakk*), der Heuchelei (*nifāq*) und dergleichen. Doch Gott hatte Mitleid mit Seinen Freundinnen und Freunden (*auliyā'*) und hat sie vor dessen Übel beschützt. Er sagte: »›*Die Seele* [*nafs*] *gebietet ja mit Nachdruck das Böse, es sei denn, mein Herr erbarmt Sich.*‹«[5] Das inspirierende Selbst fliegt manchmal in den Tälern der Frömmigkeit und manchmal in den Tälern der Schlechtigkeit. Gott sagte: »[...] *und ihr* [der *nafs*] *eingab ihre Schlechtigkeit und Frömmigkeit.*«[6]

Der Vogel vom Berg der Erkenntnis ist das tadelnde Selbst (*nafs al-lawwāma*) und er fliegt zu Zeiten in den Tälern des Stolzes, der Macht, der Betrachtung von Gottes Segen und

5. Koran 12:53 KK; gemäß den meisten Kommentatoren ist es hier Josef, der spricht.

6. Koran 91:8 KH.

des freudigen Jubels ob des Göttlichen Wohlwollens. Zu anderen Zeiten [fliegt er] in den Tälern des Elends, der Demütigung, der Selbstverachtung und der Schau von Erniedrigung, Qual und Armut. Nichtsdestotrotz [bleibt] er ein Tadelnder (*lawwāma*) seines Besitzers in [all] seinen [verschiedenen] Zuständen. Gott sagt: »*Ich schwöre* [...] *bei der Seele* [*nafs*], *die an allem etwas zu tadeln findet.*«[7]

Der Vogel vom Berg des Herzensverstandes ist das beruhigte oder vertrauende Selbst (*nafs al-muṭma'inna*) und er fliegt in den Tälern der Zufriedenheit, der Bescheidenheit, der zielstrebigen Vereinigung und der Entdeckung der süßen Erinnerung Gottes. Er gleicht dem Geist (*rūḥ*), denn Gott hat ihn vom Übel des Haderns geläutert. Er sagte: {82} »*Oh du Seele* [*nafs*], *die du Ruhe gefunden hast, kehre zu deinem Herrn zufrieden und von Seinem Wohlwollen begleitet zurück*«,[8] und auch: »[Dann:] *eine [kühle] Brise, duftende Kräuter und ein Garten der Wonne.*«[9]

Der Begriff »Selbst« [*nafs,* auch: Seele] schließt diese [verschiedenen] Bedeutungen ein, so wie wir es auch bezüglich des Begriffs »Herz« erwähnt haben. Es ist wie in der Aussage Gottes: »*Frag die Stadt*«,[11] womit die Stadtbewohner gemeint sind, oder in Seinen Worten: »*Wenn doch [irgend]eine Stadt geglaubt hätte*«,[12] womit [ebenfalls] deren Einwohner gemeint sind. Ebenso ist das Herz ein Stück Fleisch; doch was

7. Koran 75:2 KP.

8. Koran 89:27–28 KK.

9. Koran 56:89 KP. In diesem Vers (wie auch in 12:87) kann das Wort *rūḥ* in *far(a)uḥun* auch gelesen werden als *rauḥ* (Freude oder Glück, Ruhe oder Erleichterung) [entsprechend unterschiedlich sind die Übersetzungen: »*Dann Ruhe und Versorgung...*« (KH), »*Dann Glück und Duft...*« (KT), "*Then spirit and plenty...*" (Nicholas Heer) A.d.d.Ü.]. Siehe AT-TABARĪ: *Dschāmi' al-bayān,* XXVII, 121–122; und AT-TIRMIDHĪ: *Nawādir al-uṣūl,* Seite 81; sowie BERND RADTKE: *The Concept of Sainthood,* Seite 147.

10. Ein Rückverweis darauf, wie der Autor zu Beginn des Buches erklärte, das Herz bestehe aus vier Stationen: der Brust (*ṣadr*), dem [äußeren] Herzen (*qalb*), dem inneren Herzen (*fu'ād*) und dem Herzensverstand (*lubb*).

11. Koran 12:82 KK.

12. Koran 10:98 KK.

gemeint ist, ist das, was sich darin befindet. Beim Selbst ist es ähnlich: Gemeint ist das, was in Form von Feuer und Licht innerhalb des Körpers ist.

Das [Wort] »Selbst« ist ein generischer Begriff, von dessen Wesen einiges besser ist als der Rest und einiges schlechter, lasterhafter und niederträchtiger. Dies ist das Selbst, das [zum Übel] verführt (*nafs al-ammāra*). Das Selbst hingegen, das durch das Licht der äußeren Hingabe (*ẓāhir al-islām*) befreit wurde von der Niedertracht des äußeren Selbsts (*ẓāhir an-nafs*), wächst an Güte durch [sein] aufrichtiges Streben (*mudschāhada*), falls dieses von Gottes Beistand begleitet wird. In seinen Gebeten sagte der Gesandte Gottes: »Wir suchen Zuflucht bei Gott vor den Übeln unseres Selbsts.«[13] Also suchte der Gesandte Zuflucht bei Gott trotz der vielen Gnaden und der Lauterkeit seiner selbst und seiner Absicht, mit denen Gott ihn begünstigt hatte. Er sagte: »Ich hatte einen Teufel (*schayṭān*), doch Gott half mir gegen ihn, und so ergab er sich.«[14]

{83} Das Wesen [oder die Substanz oder Essenz] (*dschauhar*) des Selbsts ist ein heißer, rauchähnlicher Wind von dunkler (*ẓulmānīya*) und übler Art, obwohl sein Geist (*rūḥ*) grundsätzlich hell (*nūrānīya*) ist. Mit Gottes Hilfe sowie durch gutes Betragen und wahre Demut gewinnt es an Rechtschaffenheit; jedoch tut es dies nur, wenn die Diener und Dienerinnen seinen Leidenschaften widerstehen und ent-

13. Teil eines Hadith, der verzeichnet wird von at-Tirmidhī (*an-nikāḥ* 1023), von an-Nasā'ī (*al-dschum'a* 1387), von Abū Dāwūd (*an-nikāḥ* 1809, 1883), von Aḥmad ibn Ḥanbal (*musnad banī hāschim* 2613, *musnad al-mukthirīn min as-ṣaḥāba* 3536, 3906) und von ad-Dārimī (*an-nikāḥ* 2105).

14. Teil mehrerer Hadithe, die verzeichnet sind von Muslim (*ṣifat al-qiyāma* 5034), von at-Tirmidhī (*ar-raḍā'* 1092), an-Nasā'ī (*'ischrat an-nisā'* 3898), von Aḥmad ibn Ḥanbal (*musnad banī hāschim* 2209; *musnad al-mukthirīn min as-ṣaḥāba* 3591, 3611, 4160, 4366; *bāqī musnad al-mukthirīn* 13804; *bāqī musnad al-anṣār* 23701) und von ad-Darimi (*ar-riqāq* 2618, 2663). In diesen Überlieferungen wird das letzte hier zitierte Wort manchmal vokalisiert als *aslama,* mit der Bedeutung »er ergab sich« [Gott], und manchmal als *aslamu,* was so viel besagt wie »ich bin in Sicherheit« [vor dem Einfluss des Teufels]. Siehe auch Wensinck: *Concordance,* II, 514.

sagen und es durch Hunger und Härte überwinden. Das tadelnde Selbst (*nafs al-lawwāma*) ist näher an der Wahrheit (*ḥaqq*), aber nichtsdestotrotz falsch und täuschend. Nur die Erkennenden unter den Intelligenten (*akyās*) sind damit vertraut.

Das beruhigte oder vertrauende Selbst (*nafs al-muṭma'inna*) ist dasjenige, das Gott vom Übel der Dunkelheit geläutert hat, sodass es hell (*nūrānīya*) und dem Geist (*rūḥ*) ähnlich geworden ist, denn es geht in Gehorsam gegenüber Gott und lässt sich widerstandslos führen. Es ist durch die Hingabe an Gott gefügig geworden. Dies ist das Selbst der Rechtschaffenen (*ṣiddīq*), deren inneres Geheimnis (*sirr*) und äußeres Öffentliches (*'alanīya*) Gott erfüllt hat.

Diese Lichter habe ich nur deswegen mit Bergen verglichen, weil das Licht der Hingabe (*nūr al-islām*) in der Brust der Muslime zu sicher und zu stark ist, als dass irgendjemand es auslöschen könnte, solange Gott es bewahrt. Somit ist niemand in der Lage, das Licht der Hingabe in der Brust auszulöschen. Vielleicht sind die Muslime nicht fehlerfrei in ihrem Gehorsam, aber sie bewahren dennoch die feste Handhabe (*'urwah al-wuthqā*),[15] obwohl sie auf diesem Weg [allein] den üblen Einflüsterungen des Selbsts nicht entkommen.

Der Berg {84} des Lichts des Glaubens (*nūr al-īmān*) ist größer, fester verankert, tiefer verwurzelt und standfester als [der Berg des] Lichts der Hingabe (*nūr al-islām*). Dies liegt daran, dass das Selbst [zwar] die Aufgabe (*takalluf*) wie auch das Vermögen (*wilāya*) hat, die Hingabe (*islām*) zu bewahren und deren Wegweisungen (*scharā'i'*) in die Praxis umzusetzen, jedoch nicht die Last trägt, das Herz zu beschützen. Was [das Herz] festigt, ist das Licht des Herrn (*nūr ar-rabb*). Gott sagte: »*Gott festigt diejenigen, die glauben, durch die feste Aussage im diesseitigen Leben und im Jenseits.*«[16] Der Gesandte Gottes lobte seine Gemeinschaft mit den Worten: »Der

15. Das heißt den wahren Glauben. Siehe Koran 2:256 und 31:22.
16. Koran 14:27 KK.

Glaube in ihren Herzen gleicht standfesten Bergen«,[17] denn das Herz ist der Ort des wertvollen oder nützlichen Wissens (*ʿilm an-nāfiʿ*).

Das Licht der Erkenntnis (*nūr al-maʿrifa*) ist von stärkerem und hellerem Leuchten, weil es der Sitz der Schau ist, und die Schau ist sicherer als der Bericht, »denn ein Bericht (*khabar*) ist nicht dasselbe, wie das Sehen [mit den Augen] (*muʿāyana*).«[18] Das Licht der Vereinigung (*nūr at-tauḥīd*) ist der größte dieser Berge und wie der Berg Qāf[19] im Vergleich zu allen anderen Bergen [der Welt].

Die Bergkämme des Lichts der Hingabe verlieren sich im Anstreben gegen das Selbst (*mudschāhadat an-nafs*) und in der Besserung seines Handelns. Doch die Menschen der Hingabe (*islām*) sind von unterschiedlicher Rangstufe, einige von ihnen sind besser als die anderen.

Die Bergkämme des Lichts des Glaubens verlieren sich im Vertrauen [auf] und in der Bindung [an Gott] wie auch in der Kontemplation (*muschāhada*); [diese ist] subtiler als das, was das Selbst sieht, als die Reflexion dessen, was wir selbst gesehen haben, und als das, was wir im Licht des Glaubens über das denken, was unseren Augen nicht gegenwärtig ist. Die Gläubigen gleichen einander in Bezug auf die Wurzel des Glaubens, doch einige sind besser als die anderen hinsichtlich ihrer Betrachtungen (*muschāhadat*) und der Früchte und Äste des Glaubens, die in seinem Licht entspringen.

{85} Die Bergkämme des Lichts der Erkenntnis (*nūr al-maʿrifa*) verlieren sich im Verstehen der Wissenschaft vom Verbleiben (*baqāʾ*) und Entwerden (*fanāʾ*), von Schwäche und Stärke, und der Kontemplation der Freigiebigkeit Gottes und Seiner Geschenke. In diesem Licht erkennen wir, was

17. Ein Hadith, der nicht in den kanonischen Sammlungen zu finden ist.

18. Siehe Fußnote 6, Seite 51.

19. Ein mythologisches Gebirge, das die gesamte Erde umringt. Siehe Yāqūt: *Muʿdscham al-buldān*, IV, 298 (unter *qāf*); sowie Mustawfī: *Nuzhat al-qulūb*, übersetzt von G. Le Strange, Seite 188. Der Name der 50. Sure, *Qāf*, wird mitunter von diesem Gebirge abgeleitet. Siehe at-Ṭabarī: *Dschamiʿ al-bayān*, XXVI, 93.

vergeht und verschwindet sowie dessen Niedrigkeit und Unechtheit, und in ihm erfahren wir Ihn, Der verbleibt, mit Seiner Macht und Herrlichkeit wie auch die Ohnmacht und Schwäche der geschaffenen Wesen.

In diesem Gleichnis sind die Erkennenden [hier Sg: *'ārif*] wie der Berg Gottes. Ihre Erkenntnis (*ma'rifa*) ist gefestigt durch die Schau von Gottes Majestät, Herrlichkeit und Macht, und ihr Herr hat sie ergriffen, sodass sie vor dem Unglück nicht zurückweichen, noch sich der Drangsal entziehen, wenn sie sie ereilt, denn Gott mit Seiner Macht und Seiner Gnade hält sie fest.

Die Bedeutung des Buchstabens *'ayn* in [dem Verb] *'arafa* (erkennen) liegt darin, dass [die Wissenden] Gottes Macht (*'izzah*), Größe (*'aẓama*), Erhabenheit (*'alā* oder *'ulū*) und Allwissenheit (*'ilm*) erfahren (*'alima*) und erkannt (*'arafa*) haben, sodass ihr Selbst angesichts Seiner Macht demütig, angesichts Seiner Größe klein und angesichts Seiner Erhabenheit nichtig geworden ist.

Die Bedeutung des Buchstabens *rā'* in [dem Verb] *'arafa* liegt darin, dass sie die Herrschaft (*rubūbīya*) Gottes, Sein Mitleid (*ra'fa*), Seine Barmherzigkeit (*raḥma*) und Seinen Beistand (*rizq*) gesehen haben (*ra'ā*), dass sie ihr Vertrauen und Glauben in Ihn gesetzt haben und sich auf Seine Barmherzigkeit verlassen und dass sie Gott als Herrn und Meister anerkennen.

Die Bedeutung des Buchstabens *fā'* in [dem Verb *'arafa*] liegt darin, dass sie Verständnis (*faquha*) der Religion gemäß Gottes Willen erlangt und Seine Absicht verstanden (*fahima*) haben und dass sie alles Vergängliche (*fānī*) aufgegeben (*fāraqa*) haben und vor aller Versuchung (*fitna*) geflohen (*farra*) sind zum Allwissenden Öffner (*al-Fattāḥ al-'Alīm*). Überdies bedeutet er, dass ihr beständiges Herzenslicht alles transzendiert hat (*fāqa*), was vergeht (*fānī*).

Von einem anderen Gesichtspunkt aus bedeutet das *'ayn*, dass das Herz [der Wissenden] sich entkleidet (*'ariya*) hat

{86} von der Beachtung von allem außer ihrem Herrn und dass Gott ihnen das Gewand der Ehrfurcht angelegt hat, sodass [ihr] Herz sich daran gewöhnt (*ʿāuada*) hat, dass sie in der Nähe der Tür ihres Beschützers bleiben. [Und] das *rāʾ* bedeutet, dass ihr Herz alles so gesehen (*raʾā*) hat, wie Gott es erschaffen hat. [Und] das *fāʾ* bedeutet, dass sie das Vergängliche (*fānī*) so gesehen haben, als sei es bereits vergangen (*faniya*), sodass sie [nun] allein (*infarada*) sind mit jenem Einzigen (*fard*), Der ihr Beschützer ist.

Von einem weiteren Standpunkt aus bedeutet das *ʿayn*, dass ihr Selbst durch den Glauben ausdauernd (*ʿazat*) geworden ist; das *rāʾ*, dass ihr Geist (*rūḥ*) sich erfreut (*raḥat*) an der Erfüllung (*irtiyā*) des Gedenkens des Barmherzigen (*ar-Raḥmān*); und das *fāʾ*, dass Gott ihr Herz geöffnet (*fataḥa*) hat für das Verständnis (*fiqh*) der Wissenschaft des Korans.

Und von noch einem weiteren Blickwinkel aus ist ihr Selbst tugendhaft (*ʿaffat*) geworden, ihr Herz geläutert (*raqqa*) und ihr Geist erhaben (*fāqat*).

Ein weiterer Aspekt sind Dienerinnen und Diener, denen ihr Herr dazu verholfen hat, dass sie mit Seiner Unterstützung gesehen haben, was ihren Augen verborgen war. Ihnen wurden die Bedeutungen von Dingen enthüllt, sodass sie in ihrem Herzen das Selbst und die Geschöpfe verlassen haben. Sie leben durch ihren Herrn statt durch ihre eigene Kraft, ihr inneres Geheimnis (*sirr*) offengelegt, vertieft in ihren Herrn, Den sie allem anderen vorziehen. Tatsächlich haben sie erkannt, dass Er größer, höher, herrlicher, großzügiger, erhabener, weiser, reicher und freundlicher ist [als sie es sich jemals vorgestellt hatten]. Das Licht ihres inneren Herzens (*fuʾād*) ist erloschen in der Betrachtung (*muschāhada*) Seiner Herrlichkeit, denn sie sind versunken im Meer von Gottes Freigiebigkeit, dessen Tragkraft unbegrenzt ist und dessen Tiefen niemand zu erreichen vermag.

Dies ist das geringste Zeichen der Wissenden [Sg: *ʿārif*], denn in ihren verschiedenen Zuständen (*aḥwāl*) werden sie nicht eingeholt vom heftigen Wind, noch berührt sie der leuchtende Blitz, noch kennzeichnet sie irgendeine Beschreibung. Um ihr inneres Geheimnis (*sirr*) lässt Gott zu jeder Zeit Seine Freigiebigkeit kreisen, Sein Wohlwollen, Sein Erbarmen, Seine Herrlichkeit, {87} Seine Zuwendung und Seine Gnaden. Nicht für den kürzesten Augenblick sind [die Wissenden] von diesem Wohlwollen Gottes abgeschnitten, denn sie kennen Gott und ihr Selbst ist bei Ihm. Doch sie kennen nichts von dem, was in ihrem Selbst tadelnswert wäre, wie dessen üble Gewohnheiten und seine Fehler, sondern sie legen in ihrem Reden und Handeln Weisheit (*ḥikma*) an den Tag. All dies erkennen sie lediglich dank des Meeres Seiner Gnade.

Der Berg des Lichts der Vereinigung (*nūr at-tauḥīd*) ist der vierte Berg und er bestätigt ihre hohe Rangstufe. Dieser Berg erhebt sich im Wohnsitz des Herzensverstandes (*lubb*) und er ist grenzenlos erhaben und endlos herrlich. Er ist der Ursprung aller guten Dinge wie auch das Meer, aus dem alles Gute aufsteigt und alles Gute zurückkehrt. Kein Geschöpf vermag sein Licht mit Worten zu beschreiben, außer es erhielte dazu [von Gott] Beistand und Unterstützung.

TEIL ACHT

Die Einheitsbekennenden

Wisse, möge Gott dich unterstützen, dass dies Diener und Dienerinnen sind, die das Licht der Vereinigung (*nūr at-tauḥīd*) erfasst hat. Es hat sie umfangen, bis es sie in seinem Meer ertränkt hat. Das Licht der Vereinigung ist [bei ihnen], um ein Gleichnis heranzuziehen, wie die Sonne geworden, die im Sommer länger und heißer [scheint]. [Es ist, als sei es] hoch über [sie] hinaufgestiegen wie die Sonne zur Mittagszeit, denn dies ist die höchste Position, zu der sie sich in den

Tagen des Sommers erhebt. Keine Wolken stehen am Himmel {88} noch irgendetwas, das wie ein Markise Schutz vor ihrer Hitze und Helligkeit böte. Nichts steht zwischen ihr und diesen Dienerinnen und Dienern, sodass die Sonne ihren Kopf umfängt, ihn mit ihrer Hitze verbrannt und den Zustand ihrer Verfassung und ihres Wesens verwandelt hat. Wegen der hoch aufgestiegenen Sonne sehen sie keinerlei Schatten ihrer Person außer zu ihren Füßen, und ihre Füße verbleiben in dieser extremen Hitze bloß deshalb fest auf dem Boden, weil es nicht anders geht.

Was also ist [die Misere] dieser Einheitsbekennenden [hier Sg: *muwaḥḥid*], die Gott mit Seiner Stärke und Macht zur Station der Vereinigung (*maqām at-tauḥīd*) erhoben hat? Es ist die missliche Lage jenes Menschen, den ein Löwe gewittert hat, der ihn töten und verschlingen will. Er ist sich seiner Vernichtung gewiss und findet keine Verstärkung, keine [Mittel der] Abschreckung und niemanden, den er zu Hilfe rufen könnte. Wie sehr gleicht doch der Zustand dieses Menschen dem der Einheitsbekennenden, denn sie [erscheinen] [den anderen] als Lebende, doch innerlich sind sie bereits tot wegen der Nähe zu ihrem Herrn, denn sie verbleiben in der Dunkelheit der begrenzten [Sinnes]Wahrnehmung und begreifen noch nicht die Art und Weise der Vereinigung (*kayfiat at-tauḥīd*) [...][1] das Licht der Vereinigung hat sie im Geheimen wie auch offen umfangen.

Diese Diener und Dienerinnen sind davon abgekommen, [weltliche] Aufgaben (*takalluf*) zu übernehmen, und tragen keine Bürden mehr in den Geschäften [dieser Welt]. Sie

1. Hier findet sich im Manuskript am Zeilenende ein kleiner Leerraum, der wahrscheinlich angeben soll, dass einige Wörter oder gar Zeilen ausgelassen sind. In der Folge wird die Bedeutung der Analogie zwischen dem Menschen, der vom Löwen verschlungen werden soll, und den Einheitsbekennenden nicht gänzlich klar. Der Kern des Gleichnisses scheint jedoch zu sein, dass, so wie der vom Löwen bedrohte Mensch sich in einem Zustand zwischen Leben und Tod gefangen sieht, auch die Einheitsbekennenden gefangen sind zwischen ihrem normalen Zustand in der Welt der Sinneswahrnehmungen und dem Zustand der Vereinigung, in den sie dabei sind zu gelangen.

haben es aufgegeben zu wählen, und ihre Dienerschaft (*'ubūdīya*) ist eine Gefangene geworden im Griff der Herrlichkeit ihres Herrn. Sie fürchten sich vor verborgener Beigesellung (*schirk al-khafī*) {89} in ihrem inneren Geheimnis (*sirr*), auch wenn diese nur für einen Augenblick bestünde. Sie schauen mit ihrem Herzen [wie] durch ihren Herrn auf das, was Er geschaffen hat, auf dass sie sich aus Seiner Schöpfung keinem anderen als Ihm zuwenden, noch ihrem eigenen Selbst oder ihren eigenen Aktivitäten oder dem Extrem des Absprechens (*ta'ṭīl*),[2] was ihnen verunmöglichen würde, ihren Herrn wahrzunehmen, noch dem Extrem des Zuschreibens (*taschbīh*),[3] sodass sie sich untergehen sehen im Meer der Vereinigung, einem großen, tiefen Ozean, dessen Küste unsichtbar und dessen Tiefen grenzenlos sind.

Sie sind [gleichzeitig] vom Trinken übersättigt und durstig, hungrig und wohlgenährt, nackt und angezogen, sehend und blind, gelehrt und unwissend, intelligent und töricht, schwebend und schwer, reich und arm, fähig und ohnmächtig, heil und krank, lebendig und tot, verbleibend und vergänglich, nah und fern, stark und schwach und begierig und leidenschaftslos. Dies also ist das Wesen jener, die ihren Herrn kennen (*'ālim ar-rabbānī*), der geistig Erkennenden (*'ārif ar-rūḥānī*) und der leuchtend Vorausgehenden (*sābiq an-nūrānī*).[4] Sie sind nicht wie die finsteren Ignoranten (*dschāhil al-ẓulmānī*), noch ist ihr Wissen selbstbezogen (*nafsānī*).

Doch ich befürchte, wenn ich dieser Erklärung des Zustands der Einheitsbekennenden (*muwaḥḥid*) noch irgendetwas hinzufügte, würde dies jene bekümmern, die Gott von dieser Heimsuchung verschont hat, die versunken sind in der Düsternis ihrer Sünden und Leidenschaften und ihrer Liebe

2. Das heißt dem Extrem, Gott Seine Eigenschaften abzusprechen.

3. Das heißt, Ihn mit etwas zu vergleichen, das anders wäre als Er.

4. Die Vorausgehenden werden in Koran 56:10–11 erwähnt: »die [den anderen im Glauben] zuvorgekommen sind« (KP); »die Allerersten« (KK); »die Vordersten« (KH und KT); *"forerunner"* (Vorläufer) (Nicholas Heer).

zu dieser Welt auf Kosten der Betrachtung von Gottes Wohltaten, denn Letzteres befreit uns von Zweifel (*schakk*) und Beigesellung (*schirk*), und die versagt haben vor [ihrem Ankommen bei] dem Beschützer.

{90} [Die Einheitsbekennenden] werden am schlimmsten heimgesucht, wie ich es dir zu einem gewissen Maß beschrieben habe. Der Gesandte Gottes sagte: »Die Menschen, die auf der Welt am heftigsten heimgesucht werden, sind die Propheten, gefolgt von jenen, die ihnen am ähnlichsten sind, und dann von jenen, die diesen am ähnlichsten sind.«[5] Ebenso sagte der Gesandte Gottes: »Wenn ihr wüsstet, was ich weiß, würdet ihr nur selten lachen, viel weinen und euer Haupt mit Staub bestreuen«,[6] und: »Wer Gott und Seine Herrlichkeit schaut, wird am schlimmsten heimgesucht«,[7] sowie: »Wenn du den Menschen der Heimsuchung begegnest, bitte Gott um [deren] Erlösung [davon].«[8]

Also meditiere, möge Gott dir gnädig sein, über die Lage jener, die derart heimgesucht werden und denen der Mantel der Erlösung abgestreift wurde. Was ist das für ein Leben? Hast du nicht gehört vom Zustand des Gesandten Gottes zu jeder Tages- und Nachtzeit? Wenn er zu beten begann, war [aus seiner Richtung] ein Ton zu hören wie von einem Kessel siedenden Wassers,[9] und wenn sich ein Wind erhob oder ein Unglück geschah, veränderte sich die Farbe seines Gesichts.

5. Ein Hadith, der verzeichnet wird von at-Tirmidhī (*al-zuhud* 2322), von Ibn Mādscha (*al-fitan* 4013), von Aḥmad ibn Ḥanbal (*musnad al-ʿaschara al-mubaschscharīn bi al-dschanna* 1400, 1412, 1473, 1521) und von ad-Dārimī (*ar-riqāq* 2664). Siehe auch Wensinck: *Concordance*, I, 220.

6. Der erste Teil dieses Hadith findet sich in allen neun kanonischen Sammlungen der *Mausūʿah* von Shakr. Der letzte Teil, »und euer Haupt mit Staub bestreuen«, findet sich in keiner von ihnen. Siehe auch Wensinck: *Concordance*, I, 211.

7. Ein Hadith, der in keiner der kanonischen Sammlung zu finden ist.

8. Ein Hadith, der in keiner der kanonischen Sammlung zu finden ist.

9. Dies wird berichtet von an-Nasāʾī (*as-sahw* 1199), von Abū Dāwūd (*as-ṣalā* 769) und von Aḥmad ibn Ḥanbal (*musnad al-madanīyīn* 15722, 15727, 15735). Siehe auch Wensinck: *Concordance*, I, 58; sowie Lane: *Arabic-English Lexicon*, I, 52.

Doch unsere innere Unachtsamkeit (*ghafla*) hat uns vor dem Sehen dessen verschleiert, was die Menschen der Erkenntnis (*ahl al-maʿrifa*) geschaut haben, und die Gedanken (*khawāṭir*) unserer Herzen angefüllt auf Kosten von Zuständen wie diesen. Gott warf einigen Gemeinschaften vor: *»Sie wissen nur das Äußere vom diesseitigen Leben. Das Jenseits aber lassen sie unbeachtet.«*[10]

Diese Dienerinnen und Diener Gottes, die im Licht der Vereinigung (*nūr at-tauḥīd*) versunken sind und deren Heimsuchung schwer geworden ist, genießen nichtsdestotrotz ein angenehmes Leben, denn ihr Leben bei ihrem Herrn ist gut geworden. {91} Gott sagte: *»Den [gleich ob Mann oder Frau] werden Wir bestimmt ein angenehmes Leben leben lassen.«*[11] Diese Diener und Dienerinnen Gottes haben ob der Süße des Gottesgedenkens, des Gehorsams Ihm gegenüber und der Kenntnis und Liebe Seiner alle anderen Süßigkeiten vergessen. Der Gesandte Gottes sagte: »Den Geschmack des Glaubens gekostet hat, wer Gott als seinen Herrn, die Hingabe (*islām*) als seine Religion und Mohammed als Seinen Gesandten anerkannt hat.«[12] Er sagte auch: »Die Süße des Glaubens entdeckt, wer [von seinen Eigenschaften her] wie die drei Folgenden ist: der Mensch, dem Gott und Sein Gesandter lieber sind als alle anderen; der Mensch, der die Rückkehr zum Unglauben, nachdem Gott ihn daraus errettet hat, genau so verabscheuen würde, wie er es hasste, ins Feuer geworfen zu werden; und der Mensch, der einen Diener oder eine Dienerin Gottes einzig und allein um Gottes Willen liebt.«[13] Doch ist hier nicht der Ort, diese [Eigenschaften] zu erklären.

10. Koran 30:7 KK.

11. Koran 16:97 KK.

12. Ein Hadith, der verzeichnet wird von Muslim (*al-īmān* 49), von at-Tirmidhī (*al-īmān* 2547) und von Aḥmad ibn Ḥanbal (*musnad banī hāschim* 1682, 1683). Siehe auch Wensinck: *Concordance,* II, 195. Nur der erste Teil des Hadith ist im arabischen Manuskript wiedergegeben.

13. Ein Hadith, der in vielen unterschiedlichen Wortlauten zu finden ist in den Sammlungen von al-Bukhārī (*al-īmān* 15), von Muslim (*al-īmān* 60, 61) von at-Tirmidhī (*al-īmān* 2548), von an-Nasāʾī (*al-īmān wa-scharāʾiʿuhu* 4901, 4902,

Dies also sind Dienerinnen und Diener, denen Gott aus dem Meer der Rechtleitung (*baḥr al-hudā*) zu trinken gab. Sie haben seine Süße entdeckt und sind der Meinung der Leute nach wie Verrückte [hier Sg: *madschnūn*] geworden. Gott hat sie mit den erlesensten Gewändern geschmückt, sie vor dem Unheil des Einflüsterers (*waswās*)[14] beschützt und sie vielen aus dem Volk vorgezogen.

Die Zustände dieser Einheitsbekennenden lassen sich nicht durch Überlegung (*naẓar*) oder Analogie (*qiyās*) begreifen, denn Gott hat sie in allen ihren Zuständen mit einem Seiner Vermögen begünstigt, das weder durch die Fähigkeiten des Verstandes [hier Pl: *'ūqul*] noch durch die Sinne (*ḥawāss*) wahrgenommen werden kann. Gott sagte: »*Gott ist der Freund derer, die glauben*«,[15] und: »*Dies, weil Gott der Schutzherr derer ist, die glauben, und weil die Ungläubigen keinen Schutzherrn haben*«,[16] sowie: »*Er schenkt Seine Freundschaft den Rechtschaffenen.*«[17]

{92} Was also denkst du über die, denen Gott ein Beschützer (*walī*), Helfer, Beistand und Unterstützer ist? Kann die Wirklichkeit ihrer Zustände durch den logischen [wörtlich: Kieselstein zählenden, also: Erbsen zählenden] Verstand (*ḥāssat al-'aql*) erkannt werden? Hast du nicht gesehen, wie die vom Weg Abgekommenen die Wundertaten (*karāmāt*) der Freunde [Gottes] (*auliyā'*) und die Himmelfahrt (*mi'rādsch*) des Propheten leugnen, weil sie diese nach ihren Neigungen (*ahwā'*) betrachten, welche sie »Verstandeskräfte« (*'uqūl*) nennen, und behaupten, ihr Verstand könne solche Dinge nicht akzeptieren, sie könnten von einem rationalen Standpunkt aus (*min ṭarīq al-ma'qūl*) nicht wahr sein und alles, was ihr Verstand nicht akzeptieren könne, müsse falsch (*bāṭil*) sein?

4903) und von Aḥmad ibn Ḥanbal (*bāqī musnad al-mukthirīn* 11564, 11679, 12304, 12321, 12927, 13102, 13449, 13556). Siehe auch WENSINCK: *Concordance*, I, 296.

14. Das heißt Satan. Siehe Koran 114:4.

15. Koran 2:257 KK.

16. Koran 47:11 KK.

17. Koran 7:196 KK.

Doch wie könnten wir mittels eines im Zeitlichen erschaffenen (*makhlūqa muḥdatha*) zusammengesetzten Instruments (*āla murakkaba*) die Herrschaft eines allmächtigen Schöpfers und eines allwissenden Herrn verstehen, Der tut, was Er will, und bestimmt, wie Er es wünscht? Wann könnte ein Ding, das zu- und abnimmt, das [manchmal] zu kurz und [manchmal] zu weit greift, die Herrschaft eines Herrn begreifen, Der jenseits ist von Zu- und Abnahme und Dessen Zustand sich nie ändert? Wahrlich, die Verstandeskraft ist ein von Gott an Seine Diener und Dienerinnen gerichtetes Argument. Es ist ein zusammengesetztes Werkzeug zum Zweck der Dienerschaft [Gottes], nicht des Begreifens [Seiner] Herrschaft.

Die, die unfähig sind, erschaffene Dinge in sich selbst wahrzunehmen, wie etwa den Schlaf, die Herzenszustände oder die Eigenschaften des Selbsts oder des Geistes, die deren Wirklichkeit nicht verstehen außer durch Vermutung (*ẓann*) oder Imagination (*khayāl*), die die Wahrheit über das Selbst nicht kennen und noch nicht einmal über die Verstandeskraft, mit welcher sie vorgeben, alles zu wissen – wie könnten solche [Menschen] auf irgendeine Weise begreifen, was ihnen überlegen ist? Was wahrhaftig richtig ist, ist die Hingabe gegenüber der Bestimmung [Gottes], die Ergebenheit gegenüber dem Herrn und die Rückkehr zur Wahrheit (*ḥaqq*).

Diese Einheitsbekennenden, die Gott beschrieben hat mit den Worten: *»Darin liegt eine Mahnung für jemand, der Verstand [wörtlich: ein Herz] hat oder der [aufmerksam] zuhört* {93} *und bei der Sache ist«,*[18] besitzen wahrhaft ein Herz, denn der Beschützer ihres Herzens ist der Herr. Das Herz jener, denen Gott die Fürsorge für ihr Herz selbst anvertraut hat, irrt ab [von der Wahrheit]; jene hingegen, deren Herz von ihrem Herrn beschützt wird, fallen ab von der Verbandelung [mit der Welt und] werden frei [von ihr].

18. Koran 50:37 KP.

Die Leute preisen solche Menschen, denn sie sind von hohem Rang. Sie haben ihr Selbst erniedrigt und schmähen es, und für ihr Herzenslicht ist es das Gleiche geworden wie ein Spiegel für ihre Augen. Sie betrachten ihr Selbst im Licht ihres Herzens und kennen es daher und, weil sie es kennen, kennen sie ihren Herrn. Gott sagte: »*Und auch in euch selbst* [gibt es Zeichen]. *Wollt ihr denn nicht sehen?*«[19] Der Gesandte Gottes sagte: »Wer sich selbst kennt, kennt seinen Herrn.«[20]

Dies jedoch trifft nur auf die Anfängerinnen und Anfänger zu auf den ersten [Schritten] ihres Werdegangs und ihrer Reise entlang des Weges, denn wenn sie zum Licht der Wahrheit gelangen (*nūr al-ḥaqq*) und kraft der Wahrheit stark werden, schwindet der Wert jener, die in Seiner Schöpfung unter Ihm stehen vor der Macht Seiner Herrlichkeit, und im Erscheinen Seiner Wahrheit wird der Rang all Seiner Schöpfung zunichtegemacht.

Gott hat uns in einem Gleichnis ein Beispiel für dieses Herzenslicht der Gläubigen gegeben, indem Er sagte: »*Gott ist das Licht der Himmel und der Erde. Sein Licht ist einer Nische vergleichbar, in der eine Lampe ist. Die Lampe ist in einem Glas. Das Glas ist, als wäre es ein funkelnder Stern. Es wird angezündet von einem gesegneten Baum, einem Ölbaum, weder östlich noch westlich, dessen Öl fast schon leuchtet, auch ohne, dass das Feuer es berührt hätte. Licht über Licht. Gott führt zu Seinem Licht, wen Er will, und Gott führt den Menschen die Gleichnisse an. Und Gott weiß über alle Dinge Bescheid.*«[21] Jene, die mit Gottes Hilfe und mit dem Ziel nachdenken, um etwas {94} vom Sinn dieses kunstvollen Verses zu verstehen, werden von Beginn bis zum Ende des Buches[22] das finden, was sie zu einer Erklärung seiner Bedeu-

19. Koran 51:21 KK.

20. Ein nicht-kanonischer Hadith, der in vielen Sufi-Werken zitiert wird. Siehe AL-HUDSCHWĪRĪ: *Kaschf al-maḥdschūb,* Seiten 247 und 353 (und Seiten 197 und 275 in Nicholsons Übersetzung).

21. Der berühmte Lichtvers, Koran 24:35 KK.

22. Das heißt des Korans.

tung führt. Gott jedoch weiß am meisten. Danach sagte Gott: »*Und wem Gott kein Licht verschafft, für den gibt es kein Licht.*«[23]

Die Namen der inneren [oder geheimen] Stationen (*maqāmāt as-sirr*), wie »die Brust« (*as-ṣadr*) und »das Herz« (*al-qalb*), sind bloß Ausdrücke der Zunge. In ihrer Wirklichkeit jedoch sind sie Anspielungen [oder Hinweise] (*ischārāt*) auf die Lichter [dieser Stationen], die Gott aus den Schätzen Seines Lichts hervorgebracht hat. Beachtest du nicht, was der Gesandte Gottes gesagt hat: »Der Scharfblick (*firāsa*) des Gläubigen irrt nicht, und der Gläubige sieht im Licht Gottes«,[24] und: »Lass dein Herz für dich [aus]sprechen«,[25] sowie: »Gottes Warner ist im Herzen jedes Gläubigen, und Sein Mahner ist im Herzen jedes Gläubigen«[26]?

Wisse, dass die gesamte Schöpfung durch Gott da ist. Was also denkst du über jene, die Gott als Freunde unter Seinen besonderen Schutz genommen hat, die Er mit Seiner Schirmherrschaft umarmt und zu Seinen Besten (*khāṣṣa*) und zu den von Ihm Beschützten (*walāya*) gemacht hat?

Wer nicht gestorben ist, sieht nicht die Auferstehung, es sei denn, er sterbe, wie es der Gesandte Gottes gesagt hat: »Wenn wir sterben, ist unsere Auferstehung gekommen.«[27] Wer stirbt, dessen Geist des Selbsts verschwindet und er wird von seinem Geist von dieser Welt ins Jenseits gebracht und er schaut das Jenseits und was darin ist. Ebenso wissen diejeni-

23. Koran 24:40 KK.

24. Ein ähnlicher Hadith ist zu finden bei at-Tirmidhī (*tafsīr al-qur'ān* 44): »Vorsicht vor dem Scharfblick des Gläubigen, denn er sieht im Licht Gottes.« Dies, so wird überliefert, habe der Prophet gesagt im Zusammenhang mit der Offenbarung des Koranverses 15:75 [»Darin sind wahrlich Zeichen für die Betrachtenden.«]. Siehe auch AT-ṬABARĪ: *Dschāmi' al-bayān,* XIV, 31–32; und LANE: *Arabic-English Lexicon,* II, 2368; sowie AL-MUTTAQĪ: *Kanz al-'ummāl,* I, 825.

25. Das heißt, lass dein Herz deine richtige Handlungsweise bestimmen. Dieser Hadith findet sich nicht in den kanonischen Sammlungen.

26. Ein Hadith, der in den kanonischen Sammlungen nicht zu finden ist. Vergleiche jedoch den letzten Satz eines Hadith, der bei Aḥmad ibn Ḥanbal (*musnad as-schāmīyīn* 16976) aufgelistet ist.

27. Ein Hadith, der in den kanonischen Sammlungen nicht zu finden ist.

gen, die in ihrem [eigenen] Wesen gestorben sind, aber in ihrem Beschützer lebendig sind, dass sie Schaden und Segen nicht selbst gebieten noch Tod oder Leben oder die Auferstehung. Ihre Achtlosigkeit ist ihnen offenbart worden, ihre Auferstehung ist gekommen, und sie sind lebendig geworden durch ihren Herrn, denn Gott hat sie umarmt, sie als Freunde unter Seinen Schutz gestellt, ihr Herz gestärkt {95} und es wiederbelebt. Sie haben im Licht der Wahrheit (*nūr al-haqq*) gesehen, was niemand anders gesehen hat.

Gott sagte: *»Halte diejenigen, die auf dem Weg Gottes getötet wurden, nicht für tot. Sie sind vielmehr lebendig«*,[28] und: *»Sagt nicht von denen, die um der Sache Gottes Willen getötet wurden, [sie seien] tot. [Sie sind] vielmehr lebendig.«*[29] Also macht Gott durch Seine Wohltätigkeit all jene als Blutzeugen wieder lebendig, die von Ungläubigen auf dem Gottespfad getötet wurden. Was denkst du dann erst von jenen, die vom Licht der Liebe getötet wurden, im Feuer der Angst vor der Trennung, im Feuer des Widerstandes gegen die Leidenschaft, im Licht der Übereinstimmung mit der Wahrheit und im Feuer der Sehnsucht? Von jenen, die ihr Selbst mit dem Schwert der Vereinigung getötet haben, auf dass sie für Gott lebendig geworden sind?

Das Leben, wie es die einfachen Menschen sehen, hat viele Facetten. Eine davon ist das Leben des Selbsts (*nafs*) durch den Geist (*rūḥ*); dies ist das Leben von Tieren und von Vieh. Eine andere ist das Leben des Herzens (*qalb*), [wiederbelebt] aus der Dunkelheit des Unglaubens durch das Licht des Glaubens. Wieder eine andere ist das Leben des Selbsts durch Wissen (*'ilm*), denn die Wissenden sind lebendig, die Unwissenden aber sind tot. Und noch weitere Aspekte sind das Leben der Diener und Dienerinnen Gottes, [die wiederbelebt wurden] aus der Dunkelheit des Sündigens durch das Licht des Gehorsams, und das Leben der Bereuenden, [wieder-

28. Koran 3:169 KK.
29. Koran 2:154 KP.

belebt] aus der Dunkelheit des Unglücks durch das Licht der Reue und aus der Dunkelheit der Betrachtung ihres [eigenen] Strebens (*mudschāhada*) durch das Licht von Gottes Beistand. Schließlich gibt es das Leben der Dienerinnen und Diener [die wiederbelebt wurden] aus der Dunkelheit der Betrachtung [ihres eigenen] Handelns durch die Schau von Gottes Gunst und Sein wohlwollendes Betrachten von ihnen. Doch es gibt [noch] weitere [Facetten], deren Erwähnung die Herzen der einfachen Menschen [aber] nicht ertrügen.

{96} Gott sagte: »*Der Geist ist vom Befehl meines Herrn. Und euch ist vom Wissen nur wenig zugekommen*«,[30] und: »*Er hat sie* [...] *mit einem Geist von Sich gestärkt*«,[31] sowie: »*Er wirft den Geist nach Seinem Geheiß auf wen Er will von Seinen Dienern*«,[32] und: »*So haben Wir dir Geist von Unserem Befehl offenbart.*«[33] Jedes lebende Wesen unter den von Gott erschafffenen wird nur wegen des Geistes (*rūḥ*) »lebend« genannt. Der Geist ist ein Ausdruck für jenes Licht, durch welches Gott den Geschöpfen Leben verlieh, denn der Geist ist, wie Gott gesagt hat, von Seinem Befehl, sein Dasein ist durch Gott und durch ihn ist das Selbst da.

Jene, die Gott dazu gebracht hat, soviel zu begreifen, können dank Seiner Unterstützung, Stärkung und Hilfe [auch] verstehen, was darüber hinausgeht bezüglich des Lebens des Herzens [und zwar] mittels des Geistes der Weisheit (*ḥikma*), des Geistes der Rechtschaffenheit (*ṣidq*), des Geistes der Liebe (*maḥabba*), des Geistes des [Göttlichen] Schutzes (*walāya*), des Geistes des Bezeugens (*schahāda*), des Geistes der Botschaft (*risāla*), des Geistes der Rede (*kalām*) und des Geistes der Freundschaft (*khulla*). Das Leben der Brust (*ṣadr*) entfaltet sich durch den Geist der Hingabe (*islām*); das Leben des [äußeren] Herzens (*qalb*) entfaltet sich durch den Geist des Glaubens (*īmān*); das Leben des inneren Herzens (*fu'ād*)

30. Koran 17:85 KK.
31. Koran 58:22 KK.
32. Koran 40:15 KH.
33. Koran 42:52 KK.

entfaltet sich durch den Geist der Erkenntnis (*ma'rifa*) und Kontemplation (*muschāhada*); und das Leben des Herzensverstandes (*lubb*) entfaltet sich durch den Geist der Vereinigung (*tauḥīd*) und durch Trennung (*infiṣāl*) von [unserer eigenen] Stärke und Macht und [durch unsere] Verbindung (*ittiṣāl*) mit der Wahrheit.

{97} Die Wandernden auf diesem Weg gleichen zu Beginn ihrer Reise einem Menschen in einem dunklen Haus, den die Finsternis der Nacht umgibt und umhüllt. Dann wird ihm eine Lampe gereicht, die ihm ein wenig Licht gibt. Später werden das Fenster und die Tür des Hauses geöffnet, sodass das Mondlicht eintritt, das ihn entzückt und an dem er sich erfreut, bis er schließlich hinausgeht in die Wüste, wo er dank des Mondlichts und dessen Leuchten ohne die Lampe auskommt. Dann bricht, während er sich [des Mondscheins] erfreut, die Morgendämmerung an, und das Tageslicht mit seiner Kraft überstrahlt das Licht des Mondes. [Und] während ihn so das Licht der Dämmerung entzückt, geht die Sonne selbst auf, und ihr Licht und ihr Erstrahlen werden immer stärker, bis sie ihren höchsten Punkt erreicht.

Das dunkle Haus gleicht dem Selbst (*nafs*), unwissend aufgrund seiner Dunkelheit; und das Licht der Lampe ist das Licht des Verstandes (*nūr al-'aql*) im Selbst. Dieser Verstand nimmt dann zu wie der aufgehende Mond dank der Lichter der Wegweisung (*scharī'a*) und der Kenntnis der Handlungsweise (*sunna*). Er nimmt weiter zu durch das Licht der Reinheit der Erkenntnis (*ma'rifa*), das der Morgendämmerung gleicht. Dann nimmt er noch weiter zu durch seine »augenblickliche« (*fī al-waqt*) Schau[34] der Gnaden Gottes sowie

34. Das heißt in einem Zustand, in dem man sich nicht länger der Vergangenheit und der Zukunft der geschaffenen Zeit bewusst ist, sondern nur der ›Gegenwart‹ der Ewigkeit. [Ein bzw. eine Sufi wird auch als *ibn al-waqt* (Sohn des Augenblicks) bzw. *bint al-waqt* (Tochter des Augenblicks) bezeichnet. A.d.d.Ü.] Siehe AL-HUDSCHWĪRĪ: *Kaschf al-Maḥdschūb,* Seiten 480–481 (bzw. Seiten 367–370 in Nicholsons Übersetzung); sowie ANNEMARIE SCHIMMEL: *Mystische Dimensionen des Islam,* München: Diederichs, 1995. Seite 311.

aufgrund [der Schau] des ihm von Gott vorausbestimmten äußerlichen und innerlichen guten Ausgangs[35] und wegen der Feinheiten Seiner Kunstfertigkeit und Verfügung. Noch weiter nimmt er zu durch das Licht der Vereinigung (*nūr at-tauḥīd*), und dieses [gleicht] dem Sonnenaufgang. Dann wachsen das Leuchten, das Licht, die Kraft und die Wohltaten der Sonne [und dies gleicht dem wachsenden Verstand] durch die Schau der Wirklichkeiten der Wirkung von Gottes Macht und der Feinheiten Seiner Herrschaft.

Wenn diese Lichter ihre Vollkommenheit erreichen und gemeinsam erstrahlen, fürchten die Diener und Dienerinnen Gottes, {98} dass sie wieder erlöschen könnten, und haben Angst vor deren Schwinden, denn sie fühlen sich nicht sicher vor einer Veränderung ihres Zustands. Wer zu dieser Station gelangt ist, fürchtet das Ausgehen dieses Lichts und das Vergehen dieser Glückseligkeit noch mehr als jemand, der sich am Licht der Sonne erfreut, ihr Nachlassen und ihren Untergang fürchtet. Ein Dichter hat gesagt:

> Die Sonne Seines Lichts ist aufgegangen in den Herzen (*qulūb*).
> Sie leuchtet und kennt kein Untergehen (*ghurūb*).
> Diese erfreuen sich des Geliebten, und jedes
> nimmt sich von Seinem Geliebten einen Anteil (*naṣīb*).

Die Dienerinnen und Diener Gottes, die achtsam sind in ihrem Tun und Handeln und in ihren Zuständen, gleichen einem Menschen, der sich, wie soeben dargelegt, eine Lampe angezündet hat und dann von diesen Lichtern überrascht wird, die ich beschrieben habe. Achtet dieser Mensch, nachdem ihm diese anderen Licher aufgegangen sind, wohl noch weiterhin auf die Lampe? Im Gegenteil, er dankt Ihm, Der ihm in diesen Taten Erfolg beschert hat. Die Einheitsbeken-

35. Siehe Koran 21:101. Siehe auch AT-ṬABARĪ: *Dschāmiʿ al-bayān*, XIX, 75; und LANE: *Arabic-English Lexicon*, I, 571.

nenden [hier Sg: *muwaḥḥid*] sind ihm ähnlich, denn ihr inneres Geheimnis (*sirr*) hat aufgrund von [seiner] Sehkraft, mittels der Wirklichkeiten des Glaubens, und aufgrund von [seiner] Betrachtung, mittels des Lichts der Führung des Gnädigen, die Wirkung von Gottes Erhabenheit, Macht, Herrlichkeit, Größe und Einzigartigkeit geschaut.

Daher haben sie sich weder ihrem eigenen Tun zugewandt, noch sich darauf verlassen, sondern stattdessen auf Gott gebaut, denn sie sind versunken in den Lichtern der Betrachtung Seiner Anmut, der Freigiebigkeit Seiner Gnade und der Bezeugungen Seiner Barmherzigkeit. Sie haben sich von der Beachtung der Aktivitäten ihres Selbsts (*nafs*) befreit und tadeln es für das, was sie in ihm an üblem Charakter und gemeinen Absichten erkennen.

Ein anderes Gleichnis ist das der Planeten, deren [Leucht-] Kraft auf die dunkle Nacht begrenzt ist, denn wenn in der Nacht der Vollmond aufgeht, überstrahlt sein Licht das der Planeten und verhüllt {99} einen Großteil der Sterne. Wenn dann die Dämmerung anbricht und die Sonne aufgeht, werden auch die Spuren der verbliebenen Planeten ausgelöscht und das Licht des Mondes schwindet.

Was also denkst du über die Betriebsamkeit des Selbsts, wenn mit [Seiner] Hilfe, Unterstützung und Führung die Herrschaft erscheint? Bauen die Einheitsbekennenden [etwa] auf diese Aktivität [des Selbsts], solange sie die Wohltaten Seiner Herrschaft und den Atem Seiner Gnade erblicken? Die Diener und Dienerinnen existieren durch ihren Herrn; ohne Ihn könnten sie im Äußeren wie im Inneren keinen Augenblick bestehen weder hinsichtlich ihrer Religion noch im Hinblick auf ihre Welt. Sobald die Führung, die Schutzlichter [Gottes] und die Gaben [Seiner] wohlwollenden Sorge in ihrer Vielzahl zusammenkommen, werden die Betriebsamkeit und Taten des Selbsts nicht länger auf dieselbe Weise gesehen wie in jedem Moment und Augenblick die Wohltaten des Herrn.

Ich möchte dir etwas über die Eigenschaften dieser Herzen erklären, die als Freunde von ihrem Herrn beschützt werden. Wisse also, möge Gott dir gnädig sein, dass die Herzen der Freundinnen und Freunde Gottes (*auliyā' Allāh*)[36] Fundgruben des Wissens sind, Sitze der Gnade, Quellen der Betrachtung, Schätze der Erkenntnis (*ma'rifa*) und Häuser der Großzügigkeit. Sie sind die Orte, auf die Gott gnädig blickt, die Gärten Seiner Barmherzigkeit, die Gefäße Seines Wissens, die Zelte Seiner Weisheit, die Speicher Seiner Vereinigung, die Schauplätze Seiner Wohltaten, die Wohnungen Seiner Gunst und die Zufluchtsstätten aus Licht von Seinem Licht. Gott blickt in jedem Augenblick mit Seiner Gnade auf diese Herzen, verstärkt ihre Lichter und bewahrt ihre inneren Geheimnisse. Er hat sie verziert mit dem Licht des Glaubens und sie gegründet auf dem Vertrauen in den Gnädigen. Er hat sie gefüllt mit großzügigen Gaben, ihre Wände aus wohltätigem Gefallen erbaut und ihren Boden bestellt mit dem Licht der Wahrheit und der Führung, sodass ihre Erde gereinigt wurde von der Niedertracht von Beigesellung (*schirk*), Zweifel (*schakk*), Heichelei (*nifāq*) und allen anderen Gemeinheiten.

Dies ist die Erde der Erkenntnis (*ma'rifa*), die Gott gewässert hat aus dem Meer der Zufriedenheit, bis einige der Lichter des Selbsts darin aufgegangen sind, {100} und die Er stärkte mit der guten Bewirtschaftung durch die Gärtner, den Vornehmsten unter den Frommen. Er öffnete ihre Knospen im Wind des Gehorsams gegenüber dem Herausragendsten der Gesandten (*sayyid al-mursalīn*)[37] und nährte sie mit Göttlichen Böen, wie dem Wind der Gnade, dem Wind der Barmherzigkeit, dem Wind des Triumphs und ähnlichen herrschaftlichen Winden. Ihre Früchte ließ Er reifen in der Wärme der Sonne der Erkenntnis und verschaffte ihnen den Wechsel der Nacht der Bedürftigkeit (*iftikhār*) und des Tages

36. Siehe Koran 10:62.
37. Das heißt dem Propheten Mohammed.

des Frohlockens (*iftikhār*). Er vervollkommnete die Farbe ihrer Früchte mit der Tinktur Gottes (*ṣibghat Allāh*),[38] die besteht aus der Darlegung der Bestimmungen (*aḥkām*) der Wegweisung (*scharīʿa*) und aus der Dienerinnen und Diener Ergreifen der festen Handhabe (*ʿurwah al-wuthqā*).[39] [Und] ihren Geschmack reicherte Er an mit der Befolgung der Sunna Seines Propheten.

Dann stellte Er den Thron der Liebe auf den Boden der Wahrheit, dessen Erde bestellt worden war mit dem Licht des Herzensverstandes (*lubb*). Dieser Thron wird gestützt vom Licht des [Göttlichen] Beistands, erhalten durch die Stärkung des Glaubens, verankert auf der Grundlage der Verwirklichung (*taḥqīq*) und bekräftigt durch Gottes festen Halt. Dann spannte Er über diesen Thron die weichen Decken der Kraft und der Macht und legte darauf Kissen von Demut und Hingabe. Er machte Anständigkeit zu dessen Polster und ließ ihn von Gott abhängig sein, auf dass Er ihn standhaft in der Wahrheit und im Festhalten an der Gemeinschaft [der Muslime] mache.

Auf diesen Thron setzte Er dann Seine Diener und Dienerinnen [hier Sg: *walī*] in einem Zustand der Glückseligkeit und [von Gott] unterstützt und befördert. Er nahm ihnen die Hülle von Neigung und Anspruch ab und kleidete sie in das Gewand der Gottesfurcht. Er gewährte ihnen Seinen Segen aus den Schatzkammern Seiner Gnade und stützte sie mit Seinem Wohlwollen und Beistand. Er zeichnete sie aus mit der Krone Seines Schutzes (*walāya*) und wusch sie mit dem Wasser Seiner Freigiebigkeit und Sorge. Er steigerte ihre

38. Das heißt mit dem Islam oder der Religion Gottes. Siehe Koran 2:138: »Kennzeichen« oder »Farbzeichen Gottes« (KK), »Baptisma« oder »Taufe« (KP); »Taufe« oder »Färbung« (KH), »Allāhs Religion« (KT). Siehe auch LANE: *Arabic-English Lexicon*, II, 1648; und AT-ṬABARĪ: *Dschāmiʿ al-bayān*, I, 444–445.

39. Eine Anspielung auf das Vertrauen in Gott, auf den Islam oder auf das Glaubensbekenntnis (*schahāda*). Siehe Koran 2:256 und 31:22; sowie LANE: *Arabic-English Lexicon*, II, 2028–2029; und AT-ṬABARĪ: *Dschāmiʿ al-bayān*, III, 13–14.

Reinheit im Meer der Rechtleitung und nährte sie mit der Süße Seiner Erinnerung und Liebe. In den Becher der Vereinigung (*tauḥīd*) goss Er ihnen aus dem Meer der Einzigartigkeit (*tafrīd*) einen reinen Trank mit dem lieblichen Duft ihrer Verbundenheit [mit Gott], bis {101} sie allein durch Gott lebten, ihr inneres Geheimnis (*sirr*) weit entfernt von anderem außer Gott. Ihr Selbst (*nafs*) ist wahrlich demütig geworden im Erscheinen Seiner Herrlichkeit, und sein Anspruch wurde beim Anblick Seines Beistands zunichte. Es hat sich zu Seinem Dienst erhoben wie ein zurückhaltender Sklave, wie einer, der bezwungen und unterworfen wurde, oder wie ein gefesselter Gefangener.

Dann schaute ihr Herr auf sie mit dem Blick Seiner Gnade und streute auf sie vom Pulver der Segnungen der Ehre aus den herrschaftlichen Schatzkammern, bis sie die Station der verwirklichten Dienerschaft (*ʿubūdīya*) erreichten, mit der Gott sie erhöhte. Dann ließ Er sie nahekommen und berief und ehrte sie. Er nannte sie beim Namen und war freundlich zu ihnen, rief sie und kam zu ihnen, als Er ihr Gebet vernahm. Gott half ihnen und stärkte sie, umarmte und beschützte sie, bis sie sich Ihm zuwandten und Ihm antworteten, in ihrem inneren Geheimnis (*sirr*) nach Ihm riefen und im Verborgenen zu jeder Zeit mit Ihm verkehrten, nach ihrem Beschützer verlangten und keinen Herrn anerkannten außer Ihm.

[Gott] gewährte ihnen ihr Verlangen und ihre Wünsche und auserwählte sie für Seinen Dienst. Er führte sie, nahm sie in Seiner Liebe an und erkor sie für [das] Wissen über Ihn. Er ließ vor ihnen Flüsse der Rechtschaffenheit (*ṣidq*) und der Lauterkeit (*ṣafāʾ*) fließen, der Verwirklichung (*taḥqīq*), der Scheu (*ḥayāʾ*), der Liebe (*maḥabba*), der Zustimmung (*riḍāʾ*), der Furcht (*khawf*), der Hoffnung (*radschāʾ*), der Geduld (*ṣabr*), der Treue (*wafāʾ*), der Dankbarkeit (*schukr*), der Befolgung (*qaḍāʾ*), der Beständigkeit (*baqāʾ*), der Begegnung (*liqāʾ*), der Frohlockung (*iftikhār*), der Bedürftigkeit (*iftiqār*), der Verherrlichung (*taʿẓīm*), der Wahlentsagung (*tark al-ikhti-*

yār), der Achtung der [Göttlichen] Verfügungen (*qadār*) und der Betrachtung (*muschāhada*) [Gottes] des Allgewaltigen und Allmächtigen.

In jedem Augenblick schenkt Gott ihnen neue Gaben in unbeschreiblichem Ausmaß. Sie sind nahe bei ihrem Beschützer, ihrer Welt entfremdet, beschäftigt mit Gott und unbekümmert um ihr [letztes] Ende. Bei ihrem Beschützer genießen sie das genüsslichste Leben und fürchten, dieser Zustand könne vergehen, so wie sie jegliches Ereignis fürchten, {102} das sie abbringen könnte von der Station (*maqām*) der Betrachtung (*muschāhada*) [Seiner] Großartigkeit und Herrlichkeit.

In diesem Zustand sind sie gleichzeitig umgänglich und distanziert, oder gelassen und aufgeregt, oder heiter und beunruhigt. Sie sind versunken in einem Meer, dessen Küste sie nicht sehen können. Es ist das Meer der Vereinigung, und sie haben kein Verlangen, vor diesem Ertrinken gerettet zu werden. Diese Einheitsbekennenden erfreuen sich [daran] wie andere über die Freuden dieser Welt. Doch sie leiden auch am Schmerz ob ihrer Trennung [von Gott], einem schlimmeren Schmerz als jener von Menschen mit Gebrechen, Krankheiten oder Schicksalsschlägen oder von solchen, die getroffen werden von Peitschen oder verletzt von scharfen [Waffen]. Dann aber erlöst Gott sie vom Trennungsschmerz und versammelt für sie alle Arten von Befreiung. Er bringt sie in Seine Gegenwart und in Gewissheit.

Lob sei Ihm, Der den Erlesenen unter Seinen Freunden (*auliyā'*) und den Ihm Nahegebrachten unter den Geläuterten (*aṣfiyā'*) solch große Gaben geschenkt hat, Der ihnen eine riesige Gnade gewährt und sie vor ungesunden Leidenschaften beschützt hat, ihnen reine Herzen gab und ihre Reise entlang des geraden Weges geleitet hat. Ihm gebührt Lob für die Beseitigung von Kummer, die Gewährung von Geschenken, die Erhöhung der Gnade, den Segen der Rechtleitung und die Bewahrung vor dem Untergang.

[Gottes] Beistand [wird erlangt], indem wir Seinem auserwählten Propheten folgen, der Gemeinschaft Seines erlesenen Freundes und der Handlungsweise (*sunna*) des gutgeheißenen Gesandten Gottes, des Siegels der Propheten und Botschafter, entlang des hellsten aller Wege. Mit ihm besiegelte Gott Seine Prophezeiung und in der Übereinstimmung mit ihm initiierte Er die Übung der Tugendhaftigkeit (*murūwa*) und die Wiederbelebung der Großmütigkeit (*futūwa*). {103} Mit ihm brachte Er Seine Beweisführung (*ḥudschdscha*) zu Ende; dann sandte Er ihn den Welten. Durch ihn vertrieb Er allen Kummer und durch ihn erfüllte [Er] Seinen Segen, denn er ist Sein auserwählter Gesandter.

Möge Gott ihn und seine Familie segnen, die Menschen von Wahrheit und Lauterkeit, sowie seine Gefährten, die Menschen von Liebe und Treue, und seine Ehefrauen, die Menschen von Reinheit und Frömmigkeit. Möge Gott ihnen allen Frieden schenken, denn vor Ihm gibt es keine Zuflucht oder Befreiung. Er ist der Verbündete (*al-Walī*) aller Gläubigen und Er ist ein vorzüglichster Schutzherr (*maulā*). Möge Gott unseren Meister Mohammed, seine Familie und seine Gefährten segnen und ihnen Frieden schenken.

{103} {١٠٣}

وقطع به الحجة ، وأرسله [٢٧ و] للعالمين رحمةً ، ودفع به كل نقمة ، وأتم[١] به النعمة ، إذ هو رسوله المصطفى ،صلى الله عليه وعلى آله أهل الصدق والصفاء وعلى أصحابه أهل المحبة والوفاء وعلى أزواجه أهل العفة والتقى وسلّم[٢] ، ولا ملجأ ولا منجى منه ،وهو ولى كل مؤمن ونعم المولى هو ، وصلى الله على سيدنا محمد وآله وصحبه وسلّم .

(١) فى الأصل « تتمم »
(٢) فى الأصل « ولا »

{١٠٢} {102}

توجب الانتقال عن مقام مشاهدة الكبرياء والجلال، وهو في هذه الحالة كالأنيس المستوحش، وكالمستقر المستوفز، وكالمطمئن المضطرب، قد غرق في بحر لا يرى شطّه وهو بحر التوحيد، ولا يتمنى النجاة من هذا الغرق. يتلذذ [(١)] هذا الموحِّد كما يتلذذ المتلذذون من حلاوات الدنيا، ويألم من ألم فراقه بما لا يألم أهل الأوجاع والأمراض والشدائد، والمضروبون بالسياط والمجرّمون بالحديد، فعافاه الله من ألم الفراق، [(٢] وجمع له [٢)] كل عافية، وجمله من عنده وآمنه، فسبحان من آلى على خاصة أوليائه والمقربين من أصفيائه بالآلاء العظيمة، وأنعم عليهم بالنعماء الجسيمة، وعصمهم من الأهواء السقيمة، ومنَّ عليهم بالقلوب السليمة، وسلك بهم سبيل المحجّة المستقيمة، فله الحمد على دفع البلاء وبذل العطاء وزيادة النعماء وكرامة الهدى ورفع الردى، والتوفيق بالاقتداء بنبيه المصطفى وملة خليله المجتبى [و] سنة رسول الله المرتضى خاتم الأنبياء والرسل إلى أوضح السبل، ختم الله به النبوة، وبدر [(٣)] بمتابعته إلى إقامة المروة وإحياء الفتوة،

(١) في الأصل « يلذذ »

(٢-٢) في الأصل « يجمع بها »

(٣) في الأصل « بدت »

{101} {١٠١}

صار قائما بالله غائباً سره عمن سواه ، قد ذلت نفسه عند ظهور عزته ، وتلاشت عن التكلف عند رؤية نصرته . فقامت نفسه فى خدمته كالعبد المحجور أو كالمضطر المقهور أو كالأسير المأسور ، ثم نظر إليه ربه نظرة رحمته ، فنثر عليه من خزائن الربوبية نثار كرامات الخصوصية ، حتى قام مقام حقيقة العبودية ، فأغناه الله تعالى بذلك ، ثم قرّبه وناداه وأكرمه وسمّاه ولطف به ودعاه ، فأتاه حين سمع دعاه ، فأيّده الله تعالى وقوّاه واكتنفه وآواه حتى أجابه ولبّاه وفى السر ناداه ، وفى كل وقت ناجاه ، وصرخ إلى مولاه لا[١] يعرف له ربا سواه ، فأعطاه سؤله ومناه ، واصطفاه لخدمته وهداه ، ولمحبّته ارتضاه ، ولمعرفته اجتباه ، وأجرى بين يديه[٢] أنهاراً من الصدق والصفاء ، والتحقيق والحياء ، والمحبة والرضاء ، والخوف والرجاء ، والصبر والوفاء ، والشكر والقضاء ، والبقاء واللقاء ، والافتخار والافتقار ، والتعظيم وترك الاختيار ، والنظر فى الأقدار ، ومشاهدة العزيز الجبار . يزيده الله كل وقت من اللطائف ما عجز[٣] [٢٦ظ] الواصفون عن وصفه . وهو فى قرب من مولاه مستوحش من دنياه ، اشتغل بالله عن النظر فى عقباه ، فهو فى أرغد عيش مع مولاه ، يخاف زوال هذا الحال ، ويخشى حادثة

(١) فى الأصل « ولا »

(٢) فى الأصل « يده »

(٣) فى الأصل « اعجز »

{١٠٠} {100}

وأيَّدها بحسن معالجة أصحاب البساتين ، وهم السادات من المتقين ، وأخرج أكمامها [(١)] بريح متابعة سيد المرسلين ، وربَّاها بالرياح الربَّانية : ريح الرحمة وريح الرأفة وريح الظفر وما يشا كلها من رياح الربوبية ، وأنضج أثمارها بحر شمس المعرفة ، وزادها بمضى ليل الافتقار ونهار الافتخار ، وأحسن لون فواكهها بصبغة [(٢)] الله ، وهى بيان أحكام الشريعة واستمساك العبد بالعروة الوثقى ، وطيَّب طعمها بالتمسك بسنة نبيه عليه الصلاة والسلام . ثم وضع سرير المحبة على أرض الحق المطيَّب ترابها بنور اللبّ المؤيد بنور التوفيق المغذى بغذاء التصديق المؤسس بأساس التحقيق المسدّد بركنه الوثيق ، وبسط على هذا السرير [(٣]الفرش الوثير[٣)] من الحول والقوة ، وألقى عليهامن نمارق التضرع والاستكانة ، وجعل متكأه الاستقامة ، واعتماده على الله أن يثبته على الحق ولزوم الجماعة ، ثم أجلس على هذا السرير عبدَه ووليه مسروراً مؤيداً [٢٦و] منصورا ، قد ألبسه لباس التقوى ، ونزع عنه ثياب التكلف والدعوى ، وخلع عليه كرامته من خزائن فضله ، وشدّ أزره بمنّته وتوفيقه ، وتوّجه بتاج ولايته ، وغسله بماء بره ورعايته ، وزاده طهارة من بحر هدايته ، وأطعمه من حلاوة ذكره ومحبته ، وسقاه شراباً طهوراً بكأس التوحيد من بحر التفريد ممزوجاً بحلاوة وصلته حتى

(١) فى الأصل « اغمامها »
(٢) فى الأصل « بضمة »
(٣ ــ ٣) فى الأصل « من فرش الوثير »

{99} {٩٩}

النجوم ، فإذا أسفر الصبح وطلعت الشمس انطمست آثار الكواكب الباقية، وذهب نور القمر. فما ظنك فى عمل النفس عند ظهور الربوبية بالتوفيق والمعونة والهداية وهل يعتمد الموحِّد على عمل مادام يرى لطائف ربوبيته وسعة رحمته ، إذ العبد قائم بربه غير مستغن عنه ظاهراً وباطناً لدينه ودنياه طرفة عين ولا أدنى من ذلك . فلما كانت الهداية وأنوار الولاية ولطائف حسن الرعاية جملت وشملت وكثرت لم يبق النظر إلى حركات النفس وأعمالها على سبيل مايرى فى كل لحظة وطرفة من لطائف الرب جل وعلا .

وأبيِّن لك شيئا من صفة هذه القلوب التى يتولاها ربها . اعلم ، رحمك الله، أن قلوب أولياء الله تعالى خزائن الحكمة ، ومواضع الرحمة ، ومعادن المشاهدة ، وكنوز المعرفة ، وبيوت الكرامة ، ومواضع نظر الله جل جلاله إليها برحمته، ومزرعة رأفته ، وأوانى علمه ، وأخبية حكمته ، وأوعية توحيده ، ومواضع فوائده ، ومساكن عوائده ، [٢٥ظ] وأكنة أنوار من نوره . ينظر إليها برحمته فى كل لحظة ، فيزيد أنوارها ، ويصلح أسرارها ، وقد زيّنها الله بنور الإيمان ، وأسَّسها بالتوكل على الرحمن ، وحشاها من لطائف الامتنان ، وبنى حيطانها من فوائد الإحسان ، وطيب أرضها بنور الحق والهدى حتى طابت تربتها من خبث الشرك والشك والنفاق وسائر الفواحش . فهذه الأرض أرض المعرفة سقاها الله من بحر الرضى حتى نبتت فيها من أنوار النفس،

{٩٨} {98}

من زوالها ، وخشى من انتقالها ، ولم يأمن تغيير حالها . فصاحب هـذا المقام يخاف من فراق هذا النور وزوال هذا السرور أشد ممـا يخاف هذا المستأنس بنور الشمس من زوالها وغروبها . وقد قال القائل :

طلعت نور شمسه فى القلوب　　وأضاءت فما لها من غروب
يتباهون بالحبيب فـكل　　آخذ من حبيبه بنصيب

ومَثَل[1] نظر العبد إلى أعماله وأفعاله وأحواله كمَثَل رجل أسرج سراجا كما وصفنا ، ثم اتصلت له هذه الأنوار التى وصفتُها ، فهل ينظر إلى السراج بعد ماظهرت له هذه الأنوار ؟ [لا] ، بل يشكر لمن وفّقه للأعمال . وكذلك الموحِّد ، رأى [٢٥ و] سره معاينةً بحقائق الإيمان ومشاهدةً بنور هداية الرحمن آثار عظمة الله وقدرته وجلاله وكبريائه وفردانيته ، فلم يلتفت إلى عمـله ، ولم يعتمد عليه ، واعتمد على الله ، وغرق فى أنوار مشاهدة منّته ولطائف رحمته وشواهد رأفته ، فتبرأ من النظر إلى حركات نفسه ، وأزرى بنفسه لمـا رأى من سوء أخلاقها وقبح مرادها .

ومثل آخر أن الـكواكب إنما يكون سلطانها فى ليلة ظلمـاء ، فإذا طلع القمر وكانت ليلة البدر[2] غلب نوره[3] نورَ الـكواكب ، وخفى[4] أكثر

(١) فى الأصل « ومنذ »
(٢) فى الأصل « ليلة القدر »
(٣) فى الأصل « نورها »
(٤) فى الأصل « يخفى »

{97} {٩٧}

ومثل صاحب هذا الطريق فى ابتداء أمره كمثل رجل احتوته ظلمات الليل وأحاطت به فى بيت مظلم [١] ، فأُعطى [٢] سراجا ، [٣] فاستضاء بنور [٣] ذلك السراج ، ثم فتِحَت كوة بيته [٢٤ظ] و بابه فوقع نور القمر ، فاستأنس به واستبشر [٤] حتى خرج إلى الصحراء فاستغنى بنور القمر وضيائه عن ضوء السراج ، فبينما هو فرح كذلك إذ أسفر الصبح ، فغلب نور النهار وسلطانه نور القمر ، فاستبشر [٥] ، فإذا هو قد طلعت الشمس وجعل نورها وضياؤها يزداد إلى أن يبلغ أعلى درجاتها . فمثل البيت المظلم هى النفس الجاهلة بظلماتها ، ونور السراج فيها نور العقل ، ثم يزيد هذا العقل ، كطلوع القمر ، بأنوار [٦] الشريعة وعلم السنة . ثم يزيد بنور صفوة المعرفة ، وهى كطلوع الصبح ، [ثم يزيد] برؤيته منن الله تعالى [٧] وما سبق له من الله من الحسنى [٧] فى الوقت ظاهراً و باطناً ولطائف صنعه وحكمه . ثم يزيد بنور التوحيد ، وهى طلوع الشمس . ثم يرتفع و يزداد ضوؤها ونورها وسلطانها ومنافعها برؤية حقائق آثار قدرته ولطائف ربو بيته . و إذا اكتملت أنواره واجتمعت خاف العبد

(١) فى الأصل « مظالمة »
(٢) فى الأصل « اعطى له »
(٣ ــ ٣) فى الأصل « فاستضاء به بنور »
(٤) فى الأصل « فاستنشر »
(٥) فى الأصل « فاستنشر » .
(٦) فى الأصل « فى انوار »
(٧ــ٧) فى الأصل « وماسبقت له من الله الحسنى » قارن سورة ٢١ آية ١٠١

{٩٦} {96}

قال الله تعالى : « قُلِ ٱلرُّوحُ مِنْ أَمْرِ رَبِّى » الآية [(١)] ، [و] قال : « وَأَيَّدَهُمْ بِرُوحٍ مِنْهُ » [(٢)] ، وقال : « يُلْقِى الرُّوحَ مِنْ أَمْرِهِ عَلَىٰ مَنْ يَشَاءُ مِنْ عِبَادِهِ » [(٣)] ، وقال : « وَكَذَٰلِكَ أَوْحَيْنَا إِلَيْكَ رُوحاً مِنْ أَمْرِنَا » [(٤)]. فكل حىّ ممن خلق الله تعالى إنما [(٥)] سمى حيا بالروح [(٥)] ، والروح عبارة عن النور الذى به أحيا [(٦)] الله الخلق ، وهو ، كما ذكر الله تعالى ، أن الروح من أمره ، وقوام الروح بالله ، والنفس قائمة بالروح . فمن فهّمه الله تعالى هذا المقدار فهم ما وراء ذلك ، بتأييد الله وتوحيد الله وتوفيقه ، من حياة القلب بروح الحكمة وروح الصدق وروح المحبة [وروح] الولاية وروح الشهادة وروح الرسالة وروح الكلام وروح الخلة . فحياة الصدر بروح الإسلام ، وحياة القلب بروح الإيمان ، وحياة الفؤاد بروح المعرفة والمشاهدة ، وحياة اللب بروح [(٧)] التوحيد والانفصال عن القوة والحول والاتصال بالحق .

(١) سورة ١٧ آية ٨٥ .
(٢) سورة ٥٨ آية ٢٢ .
(٣) سورة ٤٠ آية ١٥ .
(٤) سورة ٤٢ آية ٥٢ .
(٥ ـ ٥) فى الأصل « سميت حياة الروح » .
(٦) فى الأصل « احياه » .
(٧) فى الأصل « بنور » .

{95} {٩٥}

وأحياه، فشاهد بنور الحق مالم يشاهد غيره، وقال الله تعالى: «وَلَا تَحْسَبَنَّ ٱلَّذِينَ قُتِلُوا فِي سَبِيلِ ٱللَّهِ أَمْوَاتًا بَلْ أَحْيَاءٌ»[١]، وقال: «وَلَا تَقُولُوا لِمَنْ يُقْتَلُ فِي سَبِيلِ ٱللَّهِ أَمْوَاتٌ بَلْ أَحْيَاءٌ»[٢]. [ومن] قتله الكافر فى سبيل الله جعله الله تعالى حياً بكرامته شهيداً، فما ظنك فيمن قتله نور المحبة ونار خوف الهجران ونار مخالفة الهوى ونور موافقة الحق ونار الاشتياق، وقتل نفسه بسيف التوحيد، فصار حيًّا لله عز وجل.

والحياة التى يفهمها العامة على وجوه: منها حياة النفس [٢٤ و] بالروح، وهى حياة الدواب والبهائم، ومنها حياة القلب من ظلمة الكفر بنور الإيمان، ومنها حياة النفس بالعلم، فإنّ العالم حيّ والجاهل ميت، ومنها حياة العبد بنور الطاعة من ظلمة[٣] المعصية، ومنها حياة التائب بنور التوبة من ظلمة الاضرار و بنور توفيق الله من ظلمة[٤] رؤية المجاهدة، ومنها حياة العبد برؤية منّة الله تعالى عليه وحسن نظره إليه من ظلمة النظر إلى العمل، ثم منها مالا يحتمل ذكرها[٥] قلوبُ العامة.

(١) سورة ٣ آية ١٦٩.
(٢) سورة ٢ آية ١٥٤
(٣) فى الأصل «ظلم»
(٤) فى الأصل «ظلم».
(٥) هكذا فى الأصل والهاء عائدة إلى «الحياة».

{٩٤} {94}

من معنى بيان هذه الآية فإن من أول الكتاب إلى آخره [ما] يدلّه على شرح معنى هذه الآية ، والله أعلم . وقال بعد هذا : « وَمَنْ لَمْ يَجْعَلِ ٱللهُ لَهُ نُوراً فَمَا لَهُ مِنْ نُورٍ »[١].

وأسماء مقامات السرّ مثل الصدر [٢٣ظ] والقلب هي عبارة باللسان ، و إنما حقيقتها إشارات إلى الأنوار ، وقد وضعها الله من خزائن نو ره . ألا ترى ما قال رسول الله صلى الله عليـه وسلم « فراسة المؤمن لاتخطىء » ، « والمؤمن ينظر بنور الله تعالى »[٢] ، وقال « ليُفْتِك قلبك » ، وقال « زاجر الله في قلب كل مؤمن وواعظه[٣] في قلب كل مؤمن » .

واعلم يا أخي أن قوام الخلق كلهم بالله تعالى ، فما ظنك فيمن تولاه الله تعالى خصوصاً وا كتنفه بكنفه وجعله من خاصّته وأهل ولايته . ومن لم يمت لايرى القيامة إلا أن يموت ، كما قال رسول الله صلى الله عليه « من مات فقد قامت قيامته » . ومن مات وخرجت روح نفسه وانتقل بروحه من الدنيا إلى الآخرة ، عاين الآخرة وما فيها . فكذلك من مات بمعناه وحيي بمولاه علم أنه لا يملك لنفسه ضراً ولا نفعاً ولا موتاً ولا حياة ولا نشوراً ، فقد كشف له غطاء غفلته ، وقامت قيامته ، وصار حيـاً بمولاه ، لأنه ا كتنفه وتولاه وأيد قلبه

(١) سورة ٢٤ آية ٤٠
(٢) « كنز العمال » جزء١٠ رقم٨٢٥ .
(٣) في الأصل « وعظ »

{93} {٩٣}

وَهُوَ شَهِيدٌ »(١)، فهذا صاحب القلب فى الحقيقة ، لأن حافظ قلبه ربه عز وجل ، [و] لأن [من] وكّله الله إلى حفظ قلبه زاغ قلبه ، ومن حفظ قلبه ربه فقد وقع من الشغل فى فراغة . والناس يعظمون هذا الإنسان ، لأنه(٢) رفيع المقدار . وقد وضع هو نفسه ، وأزراها ، وصارت (٣) نفسه لنور قلبه كالمرآة لعينه ، ينظر بنور قلبه إلى نفسه فيعرفها(٤)، فيصل (٥) بمعرفتها [إلى] معرفة ربّه جل وعلا . قال الله تعالى : « وَفِي أَنفُسِكُمْ أَفَلَا تُبْصِرُونَ » (٦)، وقال عليه السلام « من عرف نفسه عرف ربه » .

وهذا إنما يكون للمبتدىء فى أوائل أمره وسلوك طريقه ، وأما إذا اتصل بنور الحق ، وقوى بقوة الحق ، تلاشى عند سلطان عظمته قدرُ مَن دونه من خلقه ، و بطل عند ظهور حقه مقدار جميع خلقه . وقد وصف الله مثلًا من نور قلب(٧) المؤمن على سبيل المثال فقال تعالى : « مَثَلُ نُورِهِ كَمِشْكَاةٍ فِيهَا » إلى قوله : « بِكُلِّ شَيْءٍ عَلِيمٌ »(٨) . فمن تفكر بتوفيق الله تعالى بإدراك شيء

(١) سورة ٥٠ آية ٣٧
(٢) فى الأصل « انه »
(٣) فى الأصل « طابت »
(٤) فى الأصل « فيعرفه »
(٥) فى الأصل « فيصفوا »
(٦) سورة ٥١ آية ٢١
(٧) فى الأصل « القلب »
(٨) سورة ٢٤ آية ٣٥

{٩٢} {92}

فما ظنك ، رحمك الله ، بمن كان الله وليه وناصره ومعينه ومؤيّده ، هل تدرك حقيقة أحواله بحاسّة العقل ؟ أما رأيت إنكار الضالّين كرامات الأولياء ومعراج النبي صلى الله عليه وسلم إذ [١] نظروا إليها من أهوائهم وسموها عقولا ، وزعموا أن عقولهم لاتقبل هذه الأشياء ، ولا يصح مثل هذا من طريق المعقول ، فكل ما[لا] تقبل عقولهم فذلك باطل . فيا أخى كيف تُدرِك بآلةٍ مخلوقة محدثة مركَّبة ربوبيةَ خالقٍ قدير رب عالم يفعل ما يشاء ويحكم ما يريد ؟ ومتى يُدرِك شيء يزيد وينقص ويتقارب ويتفاضل ربوبيةَ ربٍ لا يزيد ولا ينقص ولا يتغير حاله ؟ بل العقل حجة من الله تعالى على العبد ، وهو آلة مركَّبة لإقامة العبودية لا لإدراك الربوبية. ومن عجز عن إدراك أشياء فى نفسه مخلوقة فيه ولم يدرك حقيقتها علما إلا بالظن والخيال مثل النوم وأحوال القلب وطبائع النفس والروح ،[و]لا يعرف حقيقة [٢٣ و] النفس أيش هى [٢] ، ولا يعرف حقيقة العقل الذى يدّعى أنه يعرف به كل شيء ، فكيف يكون له سبيل الإدراك إلى ما هو أعلى منه ؟ بل الصواب التسليم للحكم والاستسلام للربّ والرجوع إلى الحق . وهذا الموحِّد الذى وصفه الله تعالى بقوله : « إِنَّ فِي ذَٰلِكَ لَذِكْرَىٰ لِمَنْ كَانَ لَهُ قَلْبٌ أَوْ أَلْقَى السَّمْعَ

(١) فى الأصل « إذا »
(٢) فى الأصل « هو »

{91} {٩١}

مع ربّه . قال الله تعالى : « فَلَنُحْيِيَنَّهُ حَيَاةً طَيِّبَةً »[١] . فهذا العبد قد نسى الحلاوات كلها عند حلاوة ذكره وطاعته ومعرفته ومحبته. وقد قال رسول الله صلى الله عليه وسلم « ذاق طعم الإيمان من رضى بالله ربا » إلى آخره[٢] . وقال عليه السلام « ثلاث من كُنَّ فيه وجد حلاوة الإيمان : من كان الله ورسوله أحبّ إليه مما سواهما ، ورجل كره أن يعود [٢٢ظ] إلى الكفر بعد أن أنقذه الله منه كما يكره أن يُلقَى فى النار ، ورجل أَحبَّ عبدا لم يحبّه إلّا لله »[٣] . وليس هذا موضع شرحها. فهذا عبد سقاه الله من بحر الهدى شرابا ، ووجد حلاوته ، فهو كالمجنون عند الناس ، وقد زيّنه الله تعالى بأحسن اللباس، وعصمه من شرّ الوسواس وفضّله على كثير من الناس ، ولا تُدرِكُ أحوالُ هذا الموحِّد بالنظر والقياس ، وخصّه الله تعالى بقوة من عنده فى جميع أحواله بما لا يُدرَكُ ذلك بالعقول والحواسّ . قال الله تعالى : « اللَّهُ وَلِيُّ الَّذِينَ آمَنُوا »[٤]، وقال : « ذَٰلِكَ بِأَنَّ اللَّهَ مَوْلَى الَّذِينَ آمَنُوا وَأَنَّ الْكَافِرِينَ لَا مَوْلَىٰ لَهُمْ »[٥] ، وقال : « وَهُوَ يَتَوَلَّى الصَّالِحِينَ »[٦] .

(١) سورة ١٦ آية ٩٧

(٢) وتكملته « وبالاسلام دينا وبمحمد رسولا » انظر « المعجم المفهرس » جزء٢ ص ١٩٥

(٣) « المعجم المفهرس » جزء ١ ص ٢٩٦

(٤) سورة ٢ آية ٢٥٧

(٥) سورة ٤٧ آية ١١

(٦) سورة ٧ آية ١٩٦

{٩٠} {90}

وهو فى أشدّ البلاء ، كما وصفتُ لك [١] شيئاً منه . وقد قال رسول الله صلى الله عليه وسلم « أشدّ الناس فى الدنيا بلاءً الأنبياء ، ثم الأمثل فالأمثل » [٢] . وقال رسول الله صلى الله عليه وسلم « لو تعلمون ما أعلم لضحكتم قليلا ولبكيتم كثيرا ولحثيتم التراب على رؤوسكم » [٣] . وأخبر عليه السلام « من يشاهد الله تعالى وكبرياءه فى أشدّ البلاء » . وقال عليه السلام « إذا رأيتم أهل البلاء فاسألوا الله العافية » . فتفكّر ، رحمك الله ، فى حال من وقع [عليه] هذا البلاء ، ونزع عنه لباس العافية ، فكيف يكون عيشه . أما بلغك ما كان رسول الله صلى الله عليه وسلم فيه فى كل حال وفى كل وقت ؟ إذا شرع فى صلاته سمع له أزيز كأزيز [٤] المرجل ، وكان يتغير لون وجهه إذا هاجت ريح وظهرت حادثة . ولكن الغفلة فينا حجبتنا عن مشاهدة ما شاهد أهل المعرفة ، وملأت خواطر قلوبنا عن مثل هذه الحالات . وقد ذمّ الله تعالى أقواما فقال : « يَعْلَمُونَ ظَاهِراً مِنَ ٱلْحَيَاةِ ٱلدُّنْيَا وَهُمْ عَنِ ٱلْآخِرَةِ هُمْ غَافِلُونَ » [٥] . وهذا العبد الذى غرق فى نور التوحيد واشتدّ بلاؤه ، فهو فى عيش رغد ، طابت حياته

(١) فى الأصل « وصفتك »
(٢) « المعجم المفهرس » جزء ١ ص ٢٢٠
(٣) « المعجم المفهرس » جزء ١ ص ٢١١
(٤) فى الأصل « انين كانين »
(٥) سورة ٣٠ آية ٧

{89} {٨٩}

الخفى فى سرّه فى لحظة ، وهو ينظر [ب] قلبه من ربه إلى خلقه كيلا يلتفت إلى غيره من خلقه أو إلى نفسه أو إلى حركته أو إلى حد التعطيل [١] ، حتى يرى عجزه عن إدراك ربوبيته ، أو إلى حد التشبيه حتى يرى نفسه غريقاً [٢] فى بحر التوحيد . وهو بحر عظيم عميق لا يُرَى شطُّه [٣] ، ولا منتهى لغوره ؛ وهو ريان عطشان ، جوعان [٤] [شبعان] ، عريان مكتس ، بصير أعمى ، عالم جاهل ، عاقل أحمق ، وحليم أخرق ، وغنى فقير ، وقادر عاجز ، وصحيح مريض ، وحى ميت ، وباق فان ، وبعيد متدان ، وقوى متوان ، ومشته [٥] بلا أمان [٦] . فهذه صفة العالم الربّانى والعارف الروحانى [و] السابق النورانى ، ليس كالجاهل الظلمانى ، ولا علمه نفسانى . ولو زدتُ فوق هذا الشرح فى [٧] حال الموحِّد أخافُ أن يكون فتنةً على من عافاه الله من هذا البلاء ، وغرق فى ظلمات المعاصى والشهوات وحبّ الدنيا عن مشاهدة لطائف المولى ، فإن هذه الأشياء معافاة [٢٢و] عن الشرك والشك ، وحبط دون المولى .

(١) فى الأصل « التعليل »
(٢) فى الأصل « غرق »
(٣) فى الأصل « رشطه »
(٤) فى الأصل « جيعان »
(٥) فى الأصل « مشتهى »
(٦) فى الأصل « أمانى »
(٧) فى الأصل « هذا »

{٨٨} {88}

ولا علة حاجزة لنورها ولا سبب مانع لحرها وضيائها من ظلمة [(١)] . وليس بينها و بين هذا العبد شيء، حتى أحاطت [(٢)] برأسه ، فأحرقته الشمس بحرّها ، وغيّرت حاله مألوفا وطبعا ، ولا يرى لشخصه ظلا من ارتفاعها وعلوّ مكانها إلا عند قدميه ، ولا تستقر قدماه على الأرض من شدة الحر إلا على الضرورة . فكيف يكون هذا الموحِّد الذى أقامه [٢١ ظ] الله تعالى مقام التوحيد بحوله وقوته ؟ [(٣)] وهو مقام [من] يحسّ به أسد فيقتله و يأكله وقد استيقن بهلاكه ليس له معتمد ولا كافٍ ولا مستغاث ، فما أقرب حال صاحب هذا المثل من حال الموحِّد ، فهذا إنسان حيّ عند الناس وهو عند نفسه ميت بقر به من ر به لأنه [(٣)] بقى فى ظلمات حد الإدراك لا يدرك [(٤)] كيفية التوحيد [(٥)] . . . . [(٥)] نور التوحيد وأحاطت به سراً وعلانية ، وقد ضل هذا العبد طريق التكيف ، فليس له تكلف فى الأمور ، وقد قام [بـ]ترك الاختيار ، وصارت عبوديته أسيرة فى قبضة عزة الرب جل جلاله ، وهو يخاف من الشرك

(١) فى الأصل « مظلمة »
(٢) فى الأصل « احاطته »
(٣-٣) فى الأصل « وهو المقام يحس به أسد فيقتله ويأكله فهذا انسان حى عند الناس وهو عند نفسه ميت بقربه من ربه وقد استيقن بهلاكه ليس له معتمد ولا كف ولامستغاث فما أقرب حال صاحب هذا المثل من حال الموحد لأنه »
(٤) فى الأصل « يدركه »
(٥-٥) بياض فى الأصل

{87} {٨٧}

وفوائده ونعمه ، لاينقطع عنه أدنى طرفة عين من الله أنواع اللطائف . فهو عارف لله ، وعند الله نفسُه ، وغير عارف بما ينكر من نفسه من أخلاقها السيئة ومن عيوبها ، وله من أقواله وأفعاله حكمة . وهذا كله إنما يتبين له من بحر فضله .

ويثبِّته على هذه المرتبة العظيمة جبل (١) نور التوحيد الذى هو الجبل الرابع . وهو على مستقر اللب ، وهو الجبل الذى لا غاية لعلوه ولا نهاية لعظمته ، وهو معدن جميع الخيرات والبحر الذى يخرج منه كل خير ويرجع إليه كل خير ، ولا يتهيأ لأحد من الخلق وصف نوره (٢ بلسان العبارة ٢) إلّا على مقدار ما يوفَّق وييسَّر .

واعلم ، أيّدك الله ، أن هذا عبد أخذه نور التوحيد ، فأحاط به حتى أغرقه فى بحره . فصار نور التوحيد على وجه المثل كالشمس ، فهى (٣) أطول فى الصيف وأشدّ حرًّا ، طلعت (٤) عليه حتى بلغت موضعها من الزوال ، وهو (٥) أعلى موضع فى أيام الصيف ترتفع الشمس إليه . وليس فى السماء غيم

(١) فى الأصل « وهو »
(٢ـ٢) فى الأصل « بلسانه للعبارة »
(٣) فى الأصل « فى »
(٤) فى الأصل « اطلعت »
(٥) فى الأصل « وهى »

{٨٦} {86}

النظر إلى غير ربه ، فألبسه تعالى لباس التقوى حتى عاود القلب ملازمة باب مولاه . ومعنى الراء[1] : رأى قلبه كل شيء كما خلقه الله تعالى . ومعنى الفاء : فرأى الفانى كأنه قدفنى حتى انفرد للفرد الذى هو مولاه . ووجه آخر : معنى العين أنه عزت[2] نفسه بالإيمان ، و[الراء] : راحت روحه بارتياح ذكر الرحمن ، والفاء : فتح الله تعالى قلبه بالفهم فى علوم القرآن . ووجه آخر : عشقت[3] نفسه ، ورق قلبه ، وفاقت روحه . ووجه آخر : عبد أعانه ربه ، فرأى بعونه[4] ماغاب عن عينيه ، وكشف له عن معانى الأشياء ، ففارق النفس والخلق بقلبه ، فقام بربّه لابقوة نفسه ، مكشوف به سره ، مشغول بربه ، قد آثره على مادونه ، فإنه عرف أنه أكبر وأجلّ وأعظم وأعز وأكرم وأعلى وأعلم وأغنى وألطف . فغرق نور فؤاده فى مشاهدة عظمته ، وهو فى بحر فوائد الله تعالى ، لاينتهى مددها ولايبلغ غورَه أحد . فهذا أقلّ علامة من علامات [العارف] ، لأن العارف لايدركه فى أحواله ريح عاصف ، ولا يتصل [٢١و] به برق خاطف ، ولا يخبر عنه[5] وصف واصف . ويطوف حول سرّه من الله تعالى فى كل وقت من برّ الله تعالى ولطائفه ورحمته وكرامته وعظمته

(١) فى الأصل « الراى »
(٢) فى الأصل « عزه »
(٣) فى الأصل « عشقه »
(٤) فى الأصل « معونة »
(٥) فى الأصل « يخبره »

{85} {٨٥}

متفاضلون . وجبل نور المعرفة ينتهى حدوده[(١)] إلى إحاطة العلم بالبقاء والفناء والعجز والقدرة ، وتنتهى[(٢)] إلى مشاهدة بر الله تعالى ولطائفه . فبهذا النور يُعرَف الفانى والزائل وحقارته ودناءته ، ويُعرَف الباقى وقدرته ورفعته ، ويُعْرَف عجز الخلائق وضعفهم . والعارف فى هذا المثل كأنه جبل الله ، استقرت معرفته برؤية عظمته وكبريائه وقدرته ، ويمسكه[(٣)] ربه ، فلا يزول بإصابة حادثة ولا ينتقل بإصابة محنة ، لأن الله تعالى يمسكه بقدرته وبرحمته .

ومعنى العين من «عرف» كأنه عَلِمَ وعرف عزة الله وعظمته وعلوه [٢٠ظ] وعلمه ، فذلّت نفسه عند رؤية عزته ، وتصاغرت[(٤)] عند رؤية عظمته ، وتلاشت[(٥)] عند رؤية علوه . ومعنى الراء[(٦)] من « عرف » : رأى ربوبية الله تعالى ورأفته ورحمته ورزقه ، فوثق به ، وآمن به ، واعتمد على رأفته ، ورجا من رحمته ، ورضى بالله ربّا ومدبراً . ومعنى الفاء : فقه فى الدين لله تعالى ، وفهم مراده ، وفارق كل فان ، و[فرّ] من كل فتنة إلى الفتاح العليم ، ووافق نور قلبه الباقى على كل شىء فان . ووجه آخر : معنى العين : عرى قلبه عن

(١) فى الأصل « نوره »
(٢) فى الأصل « ينتهى »
(٣) فى الأصل « يمسكها »
(٤) فى الأصل « تصاغر »
(٥) فى الأصل « تلاشا »
(٦) فى الأصل « الراى »

{٨٤} {84}

[نور] الإيمان أرسى[١] [و] أعظم وأرسخ وأثبت من نور الإسلام، لأن للنفس ولايةً وتكلفاً فى حفظ الإسلام واستعمال شرائعه ، وليس لها تكلف فى حفظ القلب. ومثبِّته [٢٠ و] نور الرب جل جلاله ، قال الله تعالى : « يُثَبِّتُ ٱللَّهُ ٱلَّذِينَ آمَنُوا بِالْقَوْلِ ٱلثَّابِتِ فِى ٱلْحَيَاةِ ٱلدُّنْيَا وَفِى ٱلْآخِرَةِ »[٢] ، وقال رسول الله صلى الله عليه وسلم فى مدح هذه الأمة « الإيمان فى قلوبهم كالجبال الرواسى ». وهو موضع علم النفع[٣] . ونور المعرفة أوسع وضياؤها أرفع لأنه معدن الرؤية ، [والرؤية] آكد من الخبر لأن « الخبر ليس كالمعاينة »[٤] . ونور التوحيد هو أعظم الجبال ، ومثله فى الجبال كمثل جبل قاف عند سائر الجبال .

فجبل [نور] الإسلام ينتهى حدوده إلى[٥] مجاهدة النفس وصالح أعمالها ، و [أهل الإسلام] هم فى درجات متفاضلون . وجبل نور الإيمان ينتهى حدوده إلى التوكل والتفويض . والمشاهدة أجلّ مالم ير[٦] النفس ، والاعتبار بما قد رأى والنظر بنوره إلى ما غاب عن الأعين . وأهل الإيمان فى أصل الإيمان متساوون ، وفى مشاهداتهم وما يتولد فى أنواره [من] ثمرات الإيمان وفروعه

(١) فى الأصل « إرشاد »
(٢) سورة ١٤ آية ٢٧
(٣) فى الأصل « النفس »
(٤) «المعجم المفهرس» جزء ٢ ص ٥
(٥) فى الأصل « على »
(٦) فى الأصل « يرى »

{83} {٨٣}

والنفس جوهرها ريح حارة مثل الدخان ، ظلمانية سيئة المعاملة ، وروحها في الأصل نورانية ، وتزداد صلاحا بتوفيق الله تعالى مع حسن المعاملة وصحة التضرع ، ولا تزداد صلاحاً إلا بمخالفة العبد هواها والإعراض عنها وقهرها بالجوع والشدائد . والنفس اللوّامة هي أقرب إلى الحق ، لكنها مخادعة مداهنة ، لا يعرفها إلا العارفون من الأكياس. والنفس المطمئنة هي التي طهّرها الله من خبث الظلمات ، فصارت نورانية ، فشاكلت الروح ، تمشي [١] في طاعة الله منقادة من غير إباء [٢] منها [٣] فصارت مطيعة بطاعة الله ، وهي نفس الصدّيق الذي ملأ الله سرّه وعلانيته .

إنما [٤] شبهتُ هذه الأنوار بالجبال [٤] لأن نور الإسلام في صدر المسلم آكد وأحكم من أن يزيله أحد ، ما دام الله تعالى يحفظه ، حتى لا يتهيأ لأحد أن يزيل نور الإسلام [٥] من صدره . وربما لم يستقم [٦] المسلم على الطاعة ، وهو مع ذلك متمسك بالعروة الوثقى ، ولكنه لا ينجو من وسوسة النفس .وجبل

(١) في الأصل « وتمشي »
(٢) في الأصل « ايباء »
(٣) في الأصل « منه »
(٤ ـ ٤) في الأصل « شبهتهما لأنوار الجبال »
(٥) في الأصل « الإيمان »
(٦) في الأصل « يستقيم » .

{٨٢} {82}

« يَا أَيَّتُهَا النَّفْسُ الْمُطْمَئِنَّةُ ارْجِعِي إِلَى رَبِّكِ » الآية [١] ، وقال : « فَرَوْحٌ وَرَيْحَانٌ وَجَنَّةُ نَعِيمٍ » [٢] .

ولفظة اسم النفس تشمل [٣] هذه المعانى كما ذكرنا [فى] معنى اسم القلب ، وهو مثل قول الله تعالى : « وَاسْأَلِ الْقَرْيَةَ » [٤] ، المعنى : أهل القرية ، وقال : « فَلَوْلَا كَانَتْ قَرْيَةٌ آمَنَتْ » [٥] ، يريد بذلك أهل القرية. فكذلك القلب مضغة لحم والمراد ما فيها . وكذلك النفس ، والمراد ما فى داخل الجسد من النار والنور. والنفس اسم الجنس، وجوهر بعضها أطيب من بعض، و بعضها أخبث من بعض، وأشدّ ظلماً وأكثر فجوراً ، وهى النفس الأمّارة . والنفس طابت بنور ظاهر الإسلام من خبث ظاهر النفس ، وهى تزداد [١٩ظ] طيبا بصدق المجاهدة إذا قاربها توفيق الله تعالى . قال رسول الله صلى الله عليه وسلم فى دعائه « نعوذ بالله من شرور أنفسنا » ، فتعوّذ رسول الله صلى الله عليه وسلم مع ما خصّه الله تعالى بأنواع [من] الكرامات وطهارة فى النفس والنية . قال « كان لى شيطان إلّا أن الله تعالى أعاننى عليه فأسلم » [٦] .

(١) سورة ٨٩ آية ٢٧ ــ ٢٨
(٢) سورة ٥٦ آية ٨٩
(٣) فى الأصل « يشمل »
(٤) سورة ١٢ آية ٨٢
(٥) سورة ١٠ آية ٩٨
(٦) «المعجم المفهرس» جزء٢ ص٥١٤

{81} {٨١}

يكون [١] طيرانها فى أودية الشرك والشك والنفاق وما يشبهها ، ولكن رحم الله أولياءه [١٩و] فحفظهم عن شرّها ، قال الله تعالى : « إِنَّ ٱلنَّفْسَ لَأَمَّارَةٌ بِالسُّوءِ إِلَّا مَا رَحِمَ رَبِّى » [٢]. والنفس الملهمة يكون طيرانها فى أودية التقوى أحيانا وفى أودية الفجور أحيانا ، قال الله تعالى : « فَأَلْهَمَهَا فُجُورَهَا وَتَقْوَاهَا » [٣] . وطائر جبل المعرفة هى النفس اللوّامة ، ويكون طيرانها فى أودية الترفع [٤] والعز والنظر فى كرامات الله والافتخار والفرح بنعم الله أحيانا ، وفى [٥] أودية الافتقار والتواضع والازدراء بنفسها ورؤية الذل والمسكنة والفاقة أحيانا ، ومع ذلك تكون لوّامة لصاحبها فى أحوالها ، قال الله تعالى : « وَلَا أُقْسِمُ بِالنَّفْسِ ٱللَّوَّامَةِ » [٦] . وطائر جبل اللب النفس المطمئنة ، ويكون طيرانها فى أودية الرضاء والحياء والقرار على التوحيد ووجود حلاوة ذكر الله تعالى ، وهى شكل الروح ، طيّب[ها] الله عن خبث المنازعة ، قال الله تعالى :

(١) فى الأصل « تكون »
(٢) سورة ١٢ آية ٥٣
(٣) سورة ٩١ آية ٨
(٤) فى الأصل « الترافع »
(٥) فى الأصل « الى »
(٦) سورة ٧٥ آية ٢

{٨٠} {80}

تَمُوتُنَّ إِلَّا وَأَنْتُمْ مُسْلِمُونَ » (١) ، وقال فى قصة يوسف عليه السلام : « تَوَفَّنِي مُسْلِماً وَأَلْحِقْنِي بِالصَّالِحِينَ » (٢) . ويتولد من نور الإيمان خوف طوارق السوء ، وكذلك يتولد منه رجاء طوارق الخير فى كل وقت (٣) ، ونور المعرفة يتولد منه خوف السابقة ورجاء السابقة ، ونور التوحيد يتولد منه خوف الحقائق ورجاء الحقائق ، وهذا النوع يرجع خوفه إلى مشاهدة الربوبية ، وهو أن (٤ يخاف الله ٤) تعالى [و]لا يخاف سواه ، [ويرجوه] ولا يرجو سواه . وسائر الأحوال التى ذكرتُ شرحُها على هذا السبيل الذى وصفتُ لك .

ومَثَل هذه الأنوار كمَثَل الجبال ، فالإسلام (٥) جبل وأرضه (٦) الصدر ، والإيمان جبل وموضعه القلب ، والمعرفة جبل ومعدنه الفؤاد ، والتوحيد جبل ومستقره اللب . وعلى رأس كل جبل طائر ، فطائر جبل الصدر النفس الأمّارة [بالسوء] ، وطائر جبل القلب النفس المُلْهَمة ، وطائر جبل الفؤاد النفس اللوّامة ، وطائر جبل اللب النفس المطمئنة . فالنفس الأمّارة

(١) سورة ٢ آية ١٣٢
(٢) سورة ١٢ آية ١٠١
(٣) فى الأصل « وقته »
(٤ــ٤) فى الأصل « يخاف من الله »
(٥) فى الأصل « والإسلام »
(٦) فى الأصل « فأرضه »

{79} {٧٩}

وعلم[١] . فيستنبط الفقيه ما يوافق حجة الله تعالى ، و يستنبط الحكيم ما يوافق مراد الله تعالى و يهدى إلى محجّته [٢] بما تبين [٢] من لطائف الإشارات موافقاً للتوحيد ومخبرا عن مراد يوافقه الحميد .

[الفصل السادس]

والأنوار التي وصفتُها فى صدر الكتاب مثل نور الإسلام ونور الإيمان ونور المعرفة ونور التوحيد ، و إن كانت أسماؤها مختلفة ، فهى[٣] أشكال غير أضداد[٤] . و يتولد من كل نور منها فوائد على حدة ما لا يتولد من الآخر على قدر مراتبها . فنور الإسلام يتولد منه خوف ورجاء ، ونور التوحيد يتولد منه خوف ورجاء ، ونور [١٨ظ] الإيمان يتولد منه خوف [ورجاء] ، ونور المعرفة يتولد منه خوف ورجاء ، وكذلك سائر الأحوال التى تهيج من القلب وتتولد من أنوار الباطن مثل الشكر والصبر والمحبة والحياء والصدق والوفاء[٥] وغيرها ، ولكن أشْرحُ بتوفيق الله تعالى هذا الفصل الواحد . فاعلم أنه يتولد من نور الإسلام خوف الخاتمة ورجاء حسن العاقبة ، قال الله تعالى : « فَلَا

(١) فى الأصل « علما »
(٢—٢) فى الأصل « فما بين »
(٣) فى الأصل « فهو »
(٤) فى الأصل « أضداده »
(٥) فى الأصل « الفا » .

{٧٨} {78}

[ف]يستنبط بنور فقهه مسائل [(١] و يقيس ما[١)] لم يعلم بما يشبهها و يشا كلها و يقرب من معناها . وأما الفقه في الدين فهو النور الذي يقذف الله تعالى [به] في قلب عبده المؤمن ، مثل [١٨و] السراج ، يبصر به ، ولا يكون ذلك للكافر والمنافق . قال الله تعالى : « وَلَـٰكِنَّ ٱلْمُنَافِقِينَ لَا يَفْقَهُونَ »[(٢)] . وأما الفقيه الذي نوّر الله قلبه [(٣] بنور البصر[٣)] [ف] الذي أشار إليه رسول الله صلى الله عليه وسلم « إذا أراد الله بعبد خيراً فقهه في الدين و بصّره عيوب نفسه و بصّره بداء الدنيا ودوائها »[(٤)] . فمن جمع الله تعالى فيه كلا الفقهين ، فهو الكبريت الأحمر والعالم الأكبر واللبيب الأوفر .

فأما استنباط الفقيه في الأحكام فهو استنباط المسائل على موافقة السنة و إقامة الشريعة ، وأما استنباط الفقيه في باطن العلم فهو استنباط الخواطر على موافقة الحقيقة ومشاهدة الربوبية . و إنما [(٥] تتبين زيادة[٥)] الفضل بينهما في استنباط معنى في الباطن والظاهر [لآية] قد أنزلها الله تعالى ، يوجبُ[(٦)] ظاهرُها حكماً ، و يكون تحت ظاهرها ، من العبارة [التي] في باطنها ، إشارةٌ

(١ ــ ١) في الأصل « ويقيس على ما »
(٢) سورة ٦٣ آية ٧
(٣ــ٣) في الأصل « بالنور الأصل »
(٤) «كنز العمال» جزء ٥ رقم ٤٠٧٢ ، ٤٠٩٨
(٥ ــ ٥) في الأصل « تبين بزيادة »
(٦) في الأصل « ظاهرها بوجوب » .

{77} {٧٧}

وقال الله تعالى: «إِنَّ فِي ذَٰلِكَ لَآيَةً لِقَوْمٍ يَعْقِلُونَ»[١]. وهو أن يعقل[٢] عن الله أمره ونهيه ومواعظه ووعده ووعيده ويفهم مراده فى الأشياء على قدر ما يوفّقه ويكشف له من تعظيم أمره وإجتناب مناهيه. وهذه كلها لا توجد إلا بلطف الله وحسن نظره إليه، فيفضّله على غيره باللب الموصوف والنور المعروف. وهو فقيه فى أصول الدين وفروعه. وليس كل من يكون فقيهاً فى الفروع فقيهاً فى الأصول، لأن الفقه[٣] فى علم الأحكام كثير وهو فقيه بالتفقه وهو حامل الفقه والعلم. والفقه اسم للعلم يعبَّر بهذه اللفظة عنه، يقال فلان يتفقه ويتعلم. وأما الفقه فى الحقيقة فهو فقه القلب، كما قال رسول الله صلى الله عليه وسلم «ربّ حامل فقه لا فقه له ورب حامل فقه إلى من هو أفقه منه»[٤]. وقال الحكيم[٥] «ليس بفقيه من لم يعدّ البلاء نعمة والرضاء مصيبة»[٦] وقال الحسن «إنما الفقيه الزاهد فى الدنيا الراغب فى الآخرة البصير بذنبه المواظب على طاعة ربّه». وقد بيّنتُ فى صدر الكتاب أن فقه[٧] المتعلم موضعه فى باطن الصدر، ويزداد نوره بالتعلم والاستعمال، ويتفرع له أنوار الفقه والفهم،

(١) سورة ١٦ آية ٦٧.
(٢) فى الأصل «اعقل»
(٣) فى الأصل «الفقيه»
(٤) «المعجم المفهرس» جزء ١ ص ٥١٦
(٥) لعله لقمان الحكيم
(٦) قارن «كنز العمال» جزء ١ رقم ٨٣١
(٧) فى الأصل «الفقيه»

{٧٦} {76}

وهو اللب الذى وصفتُه حديثا [١] ، و يُسمَّى عقلا . والعقل يعبَّر به عن العلم [٢] على وجه المجاز فى سعة اللغة ، ولكنْ أولو الألباب هم العلماء بالله ، وليس كل عاقل عالما بالله ، و [أما] كل عالم بالله فهو عاقل ، قال الله تعالى: « وَمَا يَعْقِلُهَا إِلَّا ٱلْعَالِمُونَ » [٣] . والعقل له أسماء أخر ، يُسمّى حلما ، ونُهى ، وحِجْرا ، وحِجى. قال الله تعالى : « إِنَّ فِي ذَٰلِكَ لَآيَاتٍ لِأُولِي ٱلنُّهَىٰ » [٤] ، وقال: « هَلْ فِي ذَٰلِكَ قَسَمٌ لِذِي حِجْرٍ » [٥] . [و] قال رسول الله صلى الله عليه وسلم « لِيَلِنى منكم أولو الأحلام والنهى ثم الذين يلونهم » [٦] . وقد قيل إن العقل يعقل النفس عن متابعة الهوى كما يمنع [٧] العقال الدابة من مرتعها [٧] ومرعاها . والعقل اسم [غير] متبدل ، [١٧ ظ] وهو اسم عام ، ولا يستعمل تصريف هذه الأسماء إلا منه ، يقال عقل [٨] يعقل عقلا فهو عاقل وذلك معقول عنه .

(١) فى الأصل « جديا »
(٢) فى الأصل « العقل »
(٣) سورة ٢٩ آية ٤٣
(٤) سورة ٢٠ آية ٥٤ ، ١٢٨
(٥) سورة ٨٩ آية ٥
(٦) «المعجم المفهرس» جزء ١ ص ٥٠٤
(٧ ـ ٧) فى الأصل « العقال من الدابة مرتعها »
(٨) فى الأصل « اعقل »

{75} {٧٥}

الله صلى الله عليه وسلم « لاحكيم إلا ذو تجربة ولا حليم إلا ذو عثرة »[١] . ومنه عقل موروث ، وصفته أن يكون الرجل كبيراً عاقلاً حكيماً عليماً حليماً وقوراً ، قد ابتلى بولد سفيه أو تلميذ سفيه لا ينتفع من صحبته ، فيموت هـذا العاقل فيُورث اللهُ تبارك وتعالى ببركته[٢] عقلَه ونوره وضياءه ونفعه ووقاره وسكينته [١٧و] وسمته لهذا السفيه ، فيتغير[٣] حاله فى الوقت ، فيصير وقوراً عاقلاً على سبيل سالفه وهذا إنما يعاين[ه] الإنسان بوفاة الكبير العاقل ، وتَغيُّر الحال فى السفيه الجاهل . وليس يورث غير عقله ، ولكن يدركه بركة دعائه ونور علمه ، ويتفضل الله تبارك وتعالى بإتمام ذلك بمنه وكرمه .

وهذه[٤] الوجوه منافعها على المقدار ، ويصلح الإنسان بهذه الوجوه من العقل لصحبة الناس وينتفعون به . [و]لعل هذه الوجوه تُجمَع فيمن لا يؤمن بالله واليوم الآخر مثل الفلاسفة وحكماء الهند والروم وغيرهم ، لأن هذه الأنواع من العقل إنما هى لتأييد[٥] النفوس ومعاملة أهل الدنيا على سبيل المراءاة . وأما النافع منها تمام النفع [ف]هو العقل الموزون المطبوع بنور هداية الله تعالى .

(١) « المعجم المفهرس » جزء ١ ص ٥٠٤
(٢) فى الأصل « ببركة »
(٣) فى الأصل « فتغير »
(٤) فى الأصل « هذا »
(٥) فى الأصل « لسانية »

{٧٤} {74}

فـكلاهما نور [١] . وهذا شىء ظاهر ، لأنك لا تـكاد ترى عاقلين يستوى سلطان [١٦ظ] عقلهما ونورهما ، بل يتفاضل أحدها على الآخر بزيادة خُصّ هـذا العقلُ بهـا ما لم يبن [٢] ذلك فى الآخر . فما ظنك بمن خصّه الله تعالى بمعرفته وأ كرمه بلطائف برّه وأفاض عليـه من بحار خيره ما لم يفض [٣] منها على غيره .

والعقل فى الاسم واحد ، وسلطانه ناقص وزائد وهو متبوع متفرع ، يقوى بقوة أركانه ويزداد [٤] بزيادة سلطانه . وأول مقام العقل هو عقل الفطرة ، وهو الذى يخرج به الصبى والرجل من صفة الجنون ، فيعقل ما يقال له لأنه يُنهى ويؤمر ، ويميز بعقله بين الخير والشر ، ويعرف به الـكرامة من الهوان ، والربح من الخسران ، والأباعد من الجيران ، والقرابة من الأجانب . ومنه عقل [ال] حجة وهو الذى [به] يستحق العبد من الله تعالى الخطاب ، فإذا بلغ الحلم يتأكد نور العقل الذى [٥] وُصف بنور التأييد [٥] ، فيؤيد عقله ، فيصل لخطاب الله تعالى. ومنه عقل التجربة ، وهو أنفع الثلاثة وأفضلها ، لأنه يصير حكيما بالتجارب ، يعرف ما لم يكن بدليل ما قد كان. وهو ماقال رسول

(١) فى الأصل « سراج »
(٢) فى الأصل « يبين »
(٣) فى الأصل « يفيض »
(٤) فى الأصل « تزداد »
(٥ ـ ٥) فى الأصل « وصف به نور التأبيد »

{73} {٧٣}

لباس التقوى ، وصرف عنهم أنواع البلاء ، فسمّاهم الله أولى الألباب ، وخصّهم بالخطاب ، وعاتبهم بأنواع العتاب ، ومدحهم فى كثير من الكتاب . فقال الله تعالى : « فَاتَّقُوا اللهَ يا أُولِي الْأَلْبَابِ »[١] ، وقال : « وَاتَّقُونِ يا أُولِي الْأَلْبَابِ »[٢] ، وقال : « أُولَئِكَ الَّذِينَ هَدَى اللهُ فَبِهُدَاهُمُ اقْتَدِهْ »[٣] ، وقال : « وَمَنْ يُؤْتَ الْحِكْمَةَ فَقَدْ أُوتِيَ خَيْراً كَثِيراً وَمَا يَذَّكَّرُ إِلَّا أُولُو الْأَلْبَابِ »[٤] ، وقال : « وَلِيَعْلَمُوا أَنَّمَا هُوَ إِلَهٌ وَاحِدٌ وَلِيَذَّكَّرَ أُولُو الْأَلْبَابِ »[٥] ،وقال : « لِيَدَّبَّرُوا آيَاتِهِ وَلِيَتَذَكَّرَ أُولُو الْأَلْبَابِ »[٦] . فمدح الله تعالى أولى[٧] الألباب و بيّن مراتبهم وسرائرهم مع ربهم وفضائلهم فى فقههم وفهمهم وحلمهم حتى أعجز أمثالنا عن إدراك أحوالهم لأنه خصّهم بنور اللب مالم يفعل ذلك بغيرهم .

وأما عند عامة[٨] أهل الأدب ومن لهم معرفة بشىء من اللغة [فـ] إن اللب هو العقل . [ولـكن بينهما فرق] كما بين نور الشمس ونور السراج

(١) سورة ٥ آية ١٠٠
(٢) سورة ٢ آية ١٩٧
(٣) سورة ٦ آية ٩٠
(٤) سورة ٢ آية ٢٦٩
(٥) سورة ١٤ آية ٥٢
(٦) سورة ٣٨ آية ٢٩
(٧) فى الأصل « أولو »
(٨) فى الأصل « عام »

{٧٢} {72}

ولطائف ثمرات الإحسان . قال الله تعالى : « وَلَـٰكِنَّ ٱللَّهَ حَبَّبَ إِلَيْكُمُ ٱلْإِيمَانَ وَزَيَّنَهُۥ فِى قُلُوبِكُمْ »[١] .

فهذا تفسير اسم اللب : فإنه لام و باء ، فابتدأ بلام[٢] مثل لام اللطف والباء مشددة[٣] واحدة فى الكتابة لكنها من[٤] الحروف المضاعفة[٤] ، فهى فى الحقيقة اثنان : باء البر فى البداية و باء البقاء بالبركة عليه. وهذا النور لا يوجد لسبب من الأسباب إلّا بفضل مفتّح الأبواب . فأصل مارزق الله تعالى العبد من أصول الدين هو فضل الله بلا علة ، ثم جعل فروعه بعلة العبودية . ومجاهدة العبد مقرونة بمعونة الربوبية وهداية الألوهية ، [و]لا يُوَفَّق[٥] [١٦و] مجاهدة العبد إلا بتوفيق من الله تعالى فى الوقت ، وحسن النظر قبل الوقت ، بلطف التدبير وحسن التقدير ، حتى يكون أول شىء فضله فى الأزل[٦] ، فيتيسر على العبد أعمال الخير .

واعلم أن اللب لا يكون إلّا لأهل الإيمان ، الذين هم من خاصة عباد الرحمن ، الذين أقبلوا إلى طاعة المولى ، وأعرضوا عن النفس والدنيا ، فألبسهم

(١) سورة ٤٩ آية ٧
(٢) فى الأصل « للام »
(٣) فى الأصل « مشدودة »
(٤ــ٤) فى الأصل « حرف المضاعف »
(٥) فى الأصل « يوافق »
(٦) فى الأصل « الأول »

{71} {٧١}

توجد إلا بوجوده : وهو معدن نور التوحيد ونور مشاهدة التفريد ، و به يصحّ من العبد حقيقة التجريد وضياء التمجيد . و إن هذا اللب نور مقرون[(١)] وزرع مغروس وعقل مطبوع ، ليس كالمركَّبات [١٥ ظ] فى النفس التى هى داخلة، إنما هو نور مبسوط كالأشياء الأصلية . وهذا اللب الذى هو العقل مغروس فى أرض التوحيد ، ترابها نور التفريد ، سُقِى[(٢)] من ماء اللطف من بحر التمجيد حتى امتلأ عروقه من أنوار[(٣)] اليقين ، وتولى[(٣)] الله غرسه و باشر ذلك بقدرته من غير واسطة . فغرسه فى جنة الرضى ، ثم عصم هذه[(٤)] البحور بسور الصون[(٤)] وأرساه[(٥)] فى أزليته وأبديته وأوليته حتى لا تكاد [تقترب منه] بهيمة النفس بشهواتها أو بجهلها أو سباع مفاوز الضلالة أو شىء من الدوابّ التى هى طبائع النفس مثل كبرها وحمقها وآفاتها. والرب جل جلاله صاحب هذا البستان ووليه الذى هو أزْيَن من جميع الجنان ، لأنه بستان الإيمان تولى الله غرسه وسقيه وتربيته حتى أثمر[(٦)] الشجر نور الإيمان بتوفيق الرحمن

(١) هكذا فى الأصل

(٢) فى الأصل « يسقى »

(٣ ــ ٣) فى الأصل « اليقين حتى تولى »

(٤ــ٤) فى الأصل « البحور بصور القصور »

(٥) فى الأصل « راوسه »

(٦) فى الأصل « أثمرت »

{٧٠} {70}

ووصف الله تبارك وتعالى ربطه قلب العبد، فقال فى قصة أصحاب الكهف : « وَرَبَطْنَا عَلَى قُلُوبِهِمْ إِذْ قَامُوا » (١) ، وقال فى قصة أم موسى : « لَوْلَا أَن رَبَطْنَا عَلَى قَلْبِهَا » (٢) . وقال أهل التفسير : ربط القلب بنور التوحيد (٣) ، وذلك أن القلب يعلم والعالم يحتاج إلى ربط التأييد حتى يطمئن بذكر الله (٤) عز وجل . وأما الفؤاد فانه يرى و يعاين فيقع له الفراغة ولا يحتاج إلى الربط بل يحتاج إلى معونة المدد بالهداية . قال الله تعالى : « وَأَصْبَحَ فُؤَادُ أُمِّ مُوسَى فَارِغًا إِنْ كَادَتْ لَتُبْدِي بِهِ » (٥) ، فوصف الفؤاد بالفراغة وفضّله على القلب إذ كان القلب يحتاج إلى الربط والفؤاد يرى و يعاين والقلب يعلم، و « ليس الخبر كالمعاينة » (٦) .

الفصل الخامس

واللب، هو الجبل الأعظم والمقام الأسلم، وهو كالقطب لا يزول ولا يتحرك ، و به قوام الدين ، والأنوار كلها راجعة إليه حافّة حوله ، ولا تتم هذه الأنوار ولا ينفذ سلطانها إلاّ بصلاح اللب وقوامه ، ولا يثبت هذه الأنوار إلا بثبوته ، ولا

(١) سورة ١٨ آية ١٤
(٢) سورة ٢٨ آية ١٠
(٣) قارن تفسير الطبرى جزء ١٥ ص ١٣٧
(٤) انظر سورة ١٣ آية ٢٨
(٥) سورة ٢٨ آية ١٠
(٦) «المعجم المفهرس» جزء ٢ ص ٥

{69} {٦٩}

حَافِظِينَ »[١] ولم يكونوا رأوا الصواع[٢] فى رحل أخيهم ، [و] أنه [من] وَضْع صاحب يوسف بأمره ولم يكن سَرِقة . و إن الله جل وعلا أكرمنا بالقرآن وهو بحره الأعظم ، ملأه من جوهر اللطائف ، وجعله من خزائن الظرائف ، فطوبى لمن أكرمه الله ببعض ما فيه من الحكمة والبيان فى السر والإعلان . وقال بعض العارفين : إنما سُمّى الفؤاد فؤادا لأن فيه ألف واد . فإذا كان فؤادا لعارف فأوديته جارية من الأنوار من إحسان الله تعالى و بره ولطفه.

واسم الفؤاد أدقّ معنى من اسم القلب ، ومعناهما قريب كقرب معنى الاسمين الرحمن الرحيم . فحافظ القلب هو الرحمن ، [٣] لأن القلب معدن [٣] الإيمان ، والمؤمن توكل بصحة إيمانه على الرحمن ، قال الله تعالى: « قُلْ هُوَ [١٥و] الرَّحْمٰنُ آمَنَّا بِهِ وَعَلَيْهِ تَوَكَّلْنَا »[٤]. وحافظ الفؤاد هو الرحيم ، قال الله تعالى : « وَرَحْمَتِي وَسِعَتْ كُلَّ شَيْءٍ فَسَأَكْتُبُهَا لِلَّذِينَ يَتَّقُونَ »[٥] ، وقال : « كَذَلِكَ لِنُثَبِّتَ بِهِ فُؤَادَكَ »[٦] .

(١) سورة ١٢ آية ٨١

(٢) فى الأصل « الصاع »

(٣–٣) فى الأصل « لأنه معدن القلب »

(٤) سورة ٦٧ آية ٢٩

(٥) سورة ٧ آية ١٥٦

(٦) سورة ٢٥ آية ٣٢

{٦٨} {68}

وأما جوابه عن الإحسان فإنه قُيّد بمشاهدة الله عز وجل فقط ، فإما أن يشاهد العبدُ بقلبه ربَّه جل جلاله ، و إما أن يشاهد بقلبه أنه يراه جل جلاله ، وفى هذا الخبر فوائد كثيرة دون ما عقلته العامة ، إلّا أن هذا ليس موضع بيانها .

فبيّن رسول الله صلى الله عليه وسلم [أن] مقامات المؤمنين على قدر مراتبهم إذ قيد الإحسان [١٤ظ] بالرؤية . ومعدن الرؤية هو الفؤاد ، قال الله عز وجل : « مَا كَذَبَ الْفُؤَادُ مَا رَأَى » [(١)] . والفؤاد مشتقّ من الفائدة لأنه يرى من الله عز وجل فوائد حبه ، فيستفيد الفؤاد [(٢)] بالرؤية و يتلذذ القلب بالعلم ، و إنه مالم ير [(٣)] الفؤاد لم ينتفع القلب بالعلم . ألا ترى أن الأعمى لا ينفعه علمه شيئا فى وقت الشهادة إذا احتاج إلى أدائها لأنه محجوب عن الرؤية ، فعلمه فى الحقيقة علم لكنه لم يتأكد سلطانه بجرح القاضى شهادته بالعمى وإن كان عدلا . وفيه إشارة لمن فقّهه الله فى الدين ، قال الله تعالى : « وَتَكُونُوا شُهَدَاءَ عَلَى النَّاسِ » [(٤)] ، فكيف يشهد من علم شيئا ولم يره . وقد ذكر الله فى قصة يوسف و إخوته عليهم السلام أنهم [(٥)] قالوا : « مَا شَهِدْنَا إِلاَّ بِمَا عَلِمْنَا وَمَا كُنَّا لِلْغَيْبِ

(١) سورة ٥٣ آية ١١
(٢) فى الأصل « الفوائد »
(٣) فى الأصل « يرى »
(٤) سورة ٢٢ آية ٧٨
(٥) فى الأصل « إذ »

{67} {٦٧}

مقدار مايليق بالعبودية ، ويسكت عما لا يعنيه ، فإن له من وراء ذلك اشتغالا [١] عن الفضول بما لا يعنيه . ومن انهدم بناء توحيده وأساس إيمانه وأرض معرفته ، فمن غيره يبنيه ؟

وقد وصفتُ أن الإسلام جمع العلم والعمل ؛ والدليل عليه ما أجاب رسول الله صلى الله عليه وسلم حين سأله جبريل « ما الإسلام ؟ » الحديث [٢] . فاتفقا على أن الإسلام علم وعمل . وأجاب سؤاله عن الإيمان فاتفقا فى ذلك جميعاً أنه علم ومستقره القلوب . وأما خاصّة أهل الإيمان فإنهم يستفيدون من أحاديث رسول الله صلى الله عليه وسلم فوائد لطيفة لا تهتدى العامة إليها ، لأنهم محجوبون بنفوسهم عن لطائف الحق برؤيتهم أعمالهم . وقد أمر الله أن يخاطَب الناس على قدر عقولهم ، وقال : « وَقُلْ لَهُمْ فِي أَنْفُسِهِمْ قَوْلًا بَلِيغاً » [٣] .

(١) فى الأصل « اشتغال »

(٢) ورد هذا الحديث فى «مسألة فى الإيمان والإسلام والإحسان» للترمذى ، مخطوطة ليبزج رقم ٢١٢ ورقة ٩٢ ظ — ٩٣ وكما يلى « فقال : يامحمد ما الإيمان ؟ قال : أن تؤمن بالله وملائكته وكتبه ورسله ولقائه والجنة والنار والقدر خيره وشره وحلوه ومره من الله . قال : إذا فعلت ذلك فانا مؤمن ؟ قال : فاذا فعلت ذلك فانك مؤمن . قال : صدقت . فتعجبنا من قوله وتصديقه . ثم قال : يامحمد ما الإسلام ؟ قال : أن تقيم الصلاة وتؤتى الزكاة وتحج البيت وتصوم رمضان وتغتسل من الجنابة فاذا فعلت ذلك فأنت مسلم . قال : صدقت . فتعجبنا من قوله صدقت ثم قال : يامحمد ما الإحسان ؟ قال : أن تعبد الله كأنك تراه فان لا تراه فإنه يراك . قال : فاذا فعلت ذلك فأنا محسن ؟ قال : نعم . قال : صدقت . فتعجبنا من قوله صدقت » . انظر أيضا «المعجم المفهرس» جزء ١ ص ٤٦٧ .

(٣) سورة ٤ آية ٦٣.

{٦٦} {66}

وليس بمصيب منا من يشتغل بما لم يُكلَّف ، والسكوت للجاهل سلامة والنطق للعالم من الله إكرام . ألا ترى أن سؤال العبد فى القبر إنما يكون عن[١] الأصول ولا يكون عن[٢] الفروع ، يقال له : من ربك ؟ وما دينك ؟ ومن نبيك ؟ ولا يقال : ما عملك ؟ ولا : كيف صليت ؟ ويُسأل يوم القيامة عن الإيمان أولا ثم عن الأعمال على الولاء ، فيثاب بالأعمال على قدر قوة الأصول وهى النيات .

إنما يُسمَّى القلب قلباً لسرعة تقلبه[٣] . قال[٤] عليه الصلاة والسلام « إنما مَثَل القلب كَمَثَل ريشة فى الفلاة من الأرض » الحديث[٥] . [١٤و] فأخبر عليه الصلاة والسلام طرفاً من قدرة الله وشيئاً من لطفه لعبده الضعيف بتثبيت قلبه على الإيمان وإرسائه[٦] على الحق بسرعة تقلبه كيلا يرتفع عن الهدى بحول الله وقوته . فالعاقل من لا يضيف فعل القلب إلى نفسه إلّا على

(١) فى الأصل « من »

(٢) فى الأصل « من »

(٣) انظر « كنز العمال » جزء ١ رقم ١٢١١ ، ١٧٠٢ ـ ١٧٠٣

(٤) فى الأصل « وقال »

(٥) ورد هذا الحديث فى مسند أحمد بن حنبل جزء ٤ ص ٤٠٨ كما يلى « إنما سمى القلب من تقلبه ، إنما مثل القلب كمثل الريشة معلقة فى اصل شجرة يقلبها الريح ظهر البطن » قارن « كنز العمال » جزء ١ رقم ١٢١١

(٦) فى الأصل « اوساله »

{65} {٦٥}

بنور قلبه ، و إنه لم ينطق عن [١] مقام مشاهدة الله ومشاهدة صفاته ومنّته و بره وعظمته وما أشبهها ، إنما ينطق عن مجاهدته التى أورثته مشاهدة العرش والجنة [١٣ظ] وأهلها والنار وأهلها. فبان لك أن الرؤية والمشاهدة من جهة العبد يزداد سلطانها وأنوارها من الله تعالى .

وفرق آخر بين القلب والصدر أن نور الصدر له نهاية و نور القلب لا نهاية له ولا غاية ولا انقطاع و إن مات العبد ، و إنما العبد إذا مات على الإيمان كان نوره معه لا يفارقه فى القبر ولا فى القيامة و يبقى معه دائماً . قال الله تعالى : « يُثَبِّتُ اللهُ الَّذِينَ آمَنُوا بِالْقَوْلِ الثَّابِتِ فِي الْحَيَاةِ الدُّنْيَا وَفِي الْآخِرَةِ » [٢] .

وأما أحكام شرائع الإسلام وما كان بناؤه على سبيل التكليف فإنها تنتهى غايتها بالموت ، وكفى [٣] به دليلا لمن يقول بكمال الإيمان وأنه لا يزيد ولا ينقص . وهو حجة على من يقول بزيادته [٤] ونقصانه [٥] و يشبهه [ب] سائر الأعمال ، و يقول بأن الأعمال كلها إيمان ، و يقول إن الإيمان باللسان ، أو يقول فى الحقيقة إنه فعل العبد ، أو يفرق بين حقيقة معنى الإيمان ومعنى الإسلام [٦] .

(١) فى الأصل « من »
(٢) سورة ١٤ آية ٢٧
(٣) فى الأصل « أكفى »
(٤) فى الأصل « بزيادة »
(٥) فى الأصل « ونقصان »
(٦) فى الأصل « القرآن »

{٦٤} {64}

العيان ولكن رأته القلوب بحقائق الإيمان »[١] ، فأشار إلى الرؤية بالقلب ولكن بحقيقة نور الإيمان . والقلب والفؤاد يُعبّر عنهما بلفظة [البصر] لأنهما موضعان للبصر ، قال الله تعالى : « يُقَلِّبُ اللهُ اللَّيْلَ وَالنَّهَارَ إِنَّ فِي ذَٰلِكَ لَعِبْرَةً لِأُولِي الْأَبْصَارِ »[٢] ، وقال : « فَاعْتَبِرُوا يَا أُولِي الْأَبْصَارِ »[٣] . فأهل الأبصار لهم الاعتبار [٤ بأن يروا ٤] فى الأشياء لطائف صنع الله تعالى ، وإنما هم أهل القلوب . وأهل المشاهدة بنور الإيمان على مراتب ، فمنهم من يُكشف له عن عظائم الغفلة بمجاهدته الصحيحة ورؤية الآخرة [٥ بعيان عيني ٥] قلبه كأنه ينظر إليها ، كما قال حارثة « أصبحت مؤمناً حقًّا » قال [رسول الله صلى الله عليه وسلم] « إن لكل حق حقيقة فما حقيقة إيمانك ؟ » الحديث[٦] . فهذا كشف الله له ، بعزف نفسه عن الدنيا ، الآخرة ، وعاينها

(١) انظر كتاب « اللمع فى التصوف » لأبى نصر عبد الله بن على السراج الطوسى ، ليدن ١٩١٤ ، ص ٣٥٠ .

(٢) سورة ٢٤ آية ٤٤

(٣) سورة ٥٩ آية ٢

(٤ ــ ٤) فى الأصل « إن يرون »

(٥ ــ ٥) فى الأصل « عيان بينى »

(٦) وتكملة هذا الحديث كما ورد فى « كتاب اللمع » للسراج ص ١٣ « فقال [حارثة] عزفت نفسى عن الدنيا فأسهرت ليلى واظمأت نهارى وكأنى أنظر إلى عرش ربى بارزا وكأنى أنظر إلى أهل الجنة كيف يتزاورون وإلى أهل النار فى النار كيف يتعاوون فقال له النبى صلى الله عليه وسلم عرفت فالزم » قارن « كتاب الأربعين » للسلمى ص ٥ ــ ٦ و « كتاب الرياضة » للترمذى ص ٦٩ .

{63} {٦٣}

وقال الله تعالى في علم اليقين وعين اليقين [١] : « كَلَّا لَوْ تَعْلَمُونَ عِلْمَ الْيَقِينِ لَتَرَوُنَّ الْجَحِيمَ ثُمَّ لَتَرَوُنَّهَا عَيْنَ الْيَقِينِ » [٢]. وأخبر الله نبيه موسى عليه السلام أن قومه اتخذوا العجل فاشتدّ غضبه ، ورجع إلى قومه غضبان أسفاً [٣] لما أيقن بإخبار الله تعالى عنهم ، وحمل الألواح ، فلما عاينهم يعبدون العجل ألقى الألواح ، وأخذ برأس أخيه يجرّه إليه. فكذلك قال رسول الله صلى الله عليه وسلم [١٣و] « رحم الله أخي موسى ليس الخبر كالمعاينة » . إن موسى أخبره ربه قال : « قَدْ فَتَنَّا قَوْمَكَ مِنْ بَعْدِكَ وَأَضَلَّهُمُ السَّامِرِيُّ » [٤] ، فلما عاينهم ازداد غضباً وحدة .

فالقلب أيضاً ٥ تضاف إليه الرؤية ٥ ، ولكن إنما يرى بالنور الذي فيه ، يدل على ذلك ما أجاب أبو جعفر محمد بن علي [٦] رضي الله عنه للأعرابي حين سأله فقال « رأيت ربك ؟ » فقال « ما كنت أعبد شيئاً لم أره » فقال « كيف رأيته ؟ » قال « إنه لم تره الأبصار بمشاهدة

(١) في الأصل « اليقين فقال »
(٢) سورة ١٠٢ آية ٥ـ ٧ .
(٣) انظر سورة ٢٠ آية ٧٦
(٤) سورة ٢٠ آية ٨٥ .
(٥ـ٥) في الأصل « يضاف إلى الرؤية »
(٦) هو محمد بن علي بن الحسين بن علي بن أبي طالب . انظر صفة الصفوة جزء ٢ ص ٦٠

{٦٢} {62}

والأصول على حالها . ومَثَلها [١] أيضاً كمثل السراج يكون فى شىء فيُرخى عليه [٢] الستور ، فهو على حاله من الداخل ، لـكنْ ضياؤه ومنفعته حُجِبَت وولايتُه عن الانتشار انقطعت . ومَثَلها أيضاً كمثل المرآة تُلفّ فى ثوب ، فهى فى الأصل كما كانت إلّا أن منفعة الظاهر قد انقطعت . فافهم ، رحمك الله ، أن الـكتاب المنزل ، كما [٣] كان جبريل عليه السلام تولى إنزاله بعلم الله تعالى ، فمعدنه قلب النبي عليه الصلاة والسلام. قال الله تعالى : « قُلْ مَنْ كَانَ عَدُوًّا لِجِبْرِيلَ فَإِنَّهُ نَزَّلَهُ عَلَى قَلْبِكَ بِإِذْنِ اللهِ » [٤] ، وقال : « نَزَلَ بِهِ الرُّوحُ الْأَمِينُ عَلَى قَلْبِكَ » [٥] .

[الفصل الرابع]

واعلم أن الفؤاد ، و إن كان موضع الرؤية ، فإنما يرى الفؤاد و يعلم القلب. [و] إذا اجتمع العلم والرؤية صار الغيب عند صاحبه عياناً ، و يستيقن العبد بالعلم والمشاهدة وحقيقة رؤية الإيمان « فَمَنْ أَبْصَرَ فَلِنَفْسِهِ » [٦] والمنة لله عليه بالهداية والتوفيق بتصديقه ، « وَمَنْ عَمِيَ فَعَلَيْهَا » [٦] والحجة لله عليه بتكذيبه .

(١) أى مثل أنوار القلب .
(٢) فى الأصل « إليه »
(٣) فى الأصل « فـكما »
(٤) سورة ٢ آية ٩٧
(٥ـ٥) سورة ٢٦ آية ١٩٣ ـ ١٩٤
(٦) سورة ٦ آية ١٠٤ .

{61} {٦١}

بالسنة ، أزال الله تعالى كثيراً من الشبهات من قلبه ، وقلع عن صدره عروق ريبه ، وهداه الله تعالى إلى مشاهدة حقائق غيبه . وهذا شيء واضح لمن يسَّر الله عليه سبيل الفقه والفهم .

وأما مثل نور الاحكام وهو نور الإسلام فى الصدر فإنه يزداد بصحة المعاملة وصدق المجاهدة ، وينقص نوره بالإعراض عن إقامة شرائعه وترك استعماله . فَمَثَلُه كَمَثَلِ القمر ، فإنه يزيد وينقص .

الإسلام اسم جامع لأصل الدين وفروعه ، وقد أكمل الله هذا الدين بفروعه وأحكامه فى نيف وعشرين سنة ، إلّا أنه نسخ من أحكامه[(١)] بعضها فبدل بعضها . وأما الإيمان والمعرفة والتوحيد [فـ]لا يجوز النسخ فيها ولا تبديل شيء منها . وكفى العاقل الموفق إذا تفكر فيها أن يعرف الفرق بين ما حملته[(٢)] النفس وبين ما حمله القلب . ولكن المؤمن هو من الله فى مزيد من البر فى كل لحظة وساعة ، فتعلو[(٣)] مراتبه من جهة مشاهدة لطائف الله تعالى ، ويكشف له من حجب الغيب من ساعة إلى ساعة ما لم يكن كشف له قبل ذلك . وكذلك العبد تضعف أحواله أحياناً ، وتشغل مراتب قلبه من جهة [١٢ظ] الغفلة

(١) فى الأصل « أحكام »
(٢) فى الأصل « حملتها »
(٣) فى الأصل « فيعلوا »

{٦٠} {60}

وأما أنوار القلب فإنها فى الأصل كاملة ، ومَثَلُها كَمَثَل الشمس التى[(١)] هى كاملة ، ولكن الهواء[(٢)] اذا كان فيه علة مثل الغيم والضباب وشدة الحرّ وشدة البرد حجبت هذه الأشياء نورَها ، فانتقصت ولاية شعاعها ، وقل سلطان حرها ، فإذا ارتفعت تلك العلل نفذت[(٣)] ولاية نورها[٣)] و بلغت شعاعها واشتد سلطانها ، ولم تكن فى ذاتها ناقصة ولكن منافعها قد انقطعت للعلل التى وصفتُها. فكذلك نور الإيمان ونور المعرفة و نور التوحيد إذا أخذتها[(٤)] ظلمات الغفلة وغيوم[(٥)] النسيان وحجب العصيان وامتلاء[(٦)] الصدر من غبار الشهوات وضباب أضرار النفس [و] اليأس[(٧)] من روح الله ، انتقصت ولاية هذه الأنوار عن النفس و بقيت بذاتها [١٢و] تحت هذه الحجب ووراء هذه الأستار ، فإذا ارتفعت هذه العلل من الصدر بمنة الله وتوفيقه وصحت تو بة العبد إلى الله تعالى ، كُشف الغطاء وخُرقت الحجب [و] ظهرت منافعها على النفس وانتشرت ولايتها . فمن تفكر بتوفيق الله فى هذه النكتة[(٨)] واستمسك

(١) فى الأصل « الذى»
(٢) فى الأصل « الهوى »
(٣-٣) فى الأصل « نور ولايتها »
(٤) فى الأصل « أخذته »
(٥) فى الأصل « غيم »
(٦) فى الأصل « واعلا »
(٧) فى الأصل « تايس »
(٨) فى الأصل « النكة »

{59} {٥٩}

جَعَلْنَاهُ نُوراً »[١] فجمع بين النور ين بالهاء[٢] كناية الواحد . ومعنى الإشارة أنه مُذ أشار الى ربه بالربوبية لم يكفر به ولم يشكر غيره ولا يرجو أحداً سواه . واعلم أن نور القلب [على] سبيل الكل لايتجزأ ولا يتبعض لأنه أصل يجيء كله إذا جاء و يذهب كله إذا ذهب. وكذلك ظلمة الكفر ، لأنها أصل كل مصيبة إلا أن تذهب[٣]، [و] ربما يضعف و يتهماً و يتبعض سلطانها مثل السراج إذ هو سراج واحد إن زاد ولاية نوره أو نقصت[٤]. وأما نور الصدر وظلمته فإنه يزيد و ينقص ، لأن هذا فرع وهو بالنفس يقام ، [١١ظ] وعُيِّن به الإسلام . [ومنه] يدخل النقصان فى هذا الوجه من الدين ، وربما يزيدفيه، والدليل على ذلك ما قال رسول الله صلى الله عليه وسلم فى شأن النساء فقال « هن ناقصات العقل والدين » [٥] و إنما المراد منه فرع الدين فى أيام الحيض والنفاس . فبان لك أن أنوار الصدور على وجوه ، والعمل بها على المواقيت والمقادير . فمن أراد علماً منه ازداد فى صدره نوره على مقدار ذلك ، و ينقص أيضاً نوره [٦] بترك استعماله [٦] ، لأن حامل هذا النوع من العلم هى النفس ، فكما أنها تزيد وتنقص فكذلك أفعالها وصفاتها تزيد وتنقص .

(١) سورة ٤٢ آية ٥٢
(٢) فى الأصل « بها »
(٣) فى الأصل « يذهب »
(٤) فى الأصل « نقص »
(٥) المعجم المفهرس جزء ٢ ص ١٦٦
(٦-٦) فى الأصل « بشرك استعمله »

{٥٨} {58}

أنه لم يضره ذلك لا طمأنينـة قلبه على صدق الإيمان . ويثاب العبد لعمله (١) بالأركان إذا صحت نية قلبه على ذلك بنور الإيمان ، قال رسول الله صلى الله عليه وسلم « يثاب الناس على قدر نياتهم » ، و « إنما الأعمال بالنيات » ، و « لا عمل [لـ]من لا نية له » .

فالصدر موضع يصدر إليه علم العبارة ، والقلب معدن العلم [١١و] الذى تحت علم العبـارة ، وهو علم (٢) الحـكمة والإشارة . وعلم العبارة حجة الله على الخلق ، يقول الله لهم : ماذا عملتم فيما علمتم ؟ وعلم الإشارة محجة العبد إلى الله بهداية الله تعالى له ، إنه منّ عليه بكشف قلبه بمشاهدة غيبه ورؤية ماوراء حجبه ، كأنّه (٣) يرى ذلك كله بعينـه ، حتى لو كشف له الغطاء لما زاد فى نفسه ، فالقلب موضع [علم الإشارة . ومعنى] علم العبارة أن يعبّر باللسان ، ومعنى علم الإشارة أن يشير بقلبه إلى ربوبيته ووحدانيته وعظمته وجلاله وقدرته وجميع صفاته وحقائق صنعته وفعله .

ومعدن نور الإيمان ونور القرآن معدن واحد ،وهو القلب ، وكلا النورين شكلان ، قال الله تعالى : « مَا كُنْتَ تَدْرِى مَا ٱلْكِتَابُ وَلَا ٱلْإِيمَانُ وَلَٰكِنْ

(١) فى الأصل « لعلمه »
(٢) فى الأصل « على »
(٣) فى الأصل « كأن »

{57} {٥٧}

امتلأ من ظلمات الكفر والشك والنفاق ، قيّض الله لصاحبه شيطاناً ، فتولى حفظه وأقفل عليه قفل الخذلان ، والله يعلم عاقبته ، وما يؤول إليه أمره ، لا يظهر ذلك لأحد إلى أن يغرغر ، وذلك سر الله لا يطلع عليه غير . فكم من كافر بعيد وُفّق بالإيمان فيموت سعيداً ، وكم من مؤمن قريب يخذله ربه فيموت شقياً .

واعلم ، رحمك الله ، أن قدرة الله نافذة ، وأنه لم يطلع على مراده ومشيئته في خلقه وخواتم أعماله إلّا طائفة من الأنبياء ، وذلك علامته لصحة نبوتهم . وأخبر رسول الله صلى الله عليه وسلم عن عشرة من أصحابه أنهم من أهل الجنة كرامةً من الله وفضلا منه عليه (١) .

واعلم أن مدار تأكد وجوب الثواب والعقاب بالقلب ، وفعله بالنفس تبعة ، قال الله تعالى : « وَلَٰكِن يُؤَاخِذُكُم بِمَا كَسَبَتْ قُلُوبُكُمْ » (٢) وإنما هذا في أحكام الآخرة . وأما حكم الدنيا فالنفس تؤاخذ في أفعالها ، وأما فيما بين العبد وبين ربه فإن الحكم بما في القلب . قال الله تعالى في شأن عمار بن ياسر (٣) : « إِلَّا مَنْ أُكْرِهَ وَقَلْبُهُ مُطْمَئِنٌّ بِالْإِيمَانِ » (٤) ، فبين الله عذره

(١) انظر كنز العمال جزء ٦ رقم ٢٧٢٤ – ٢٧٢٥ ، ٦٣٧١ – ٦٣٧٨

(٢) سورة ٢ آية ٢٢٥

(٣) انظر تفسير الطبري جزء ١٤ ص ١٢٢ وانظر ترجمته في كتاب «صفة الصفوة» لأبي الفرج ابن الجوزي ، حيدر آباد ١٣٥٥ – ١٣٥٦ هـ ، جزء ١ ص ١٧٥

(٤) سورة ١٦ آية ١٠٦ .

{٥٦} {56}

أوسع إذا طهّره الله من الأنجاس وتولى إحياءه بنور الحق وحفظه وحرسه وزاد فيه من الفوائد[١] ، وهو قلب المؤمن ، وليس لأنواره غاية وليس شيء أخبث منه ولا أنتن ولا أنجس إذا خذل الله صاحبه ، ولم يتول حفظه ، ووكله إلى الشيطان ، وهو قلب المنافق والكافر ، لأنه معدن الشرك والشك والنفاق والريب والمرض . قال الله تعالى : « إِنَّمَا الْمُشْرِكُونَ نَجَسٌ »[٢] ، وقال : في المنافقين : « إِنَّهُمْ رِجْسٌ »[٣] ، وقال [في] معنى الريب : « وَارْتَابَتْ قُلُوبُهُمْ »[٤] ، وقال في معنى الإنكار : « قُلُوبُهُم مُّنكِرَةٌ »[٥] ، وقال في معنى المرض : « فِي قُلُوبِهِمْ مَرَضٌ »[٦] . وأصل جميع الذنوب قساوة القلب ، قال الحكيم[٧] « إن القلب إذا قسى لا يبالى إذا أساء» . والقلب إذا استنار بنور الله ونور الإيمان تولى [الله] حفظه ، وملأه محبة وخشية ، وأقفل عليه قفل القدرة ، ووضع مفتاح المشيئة فى خزانة غيبه ، ولا يطلع عليه أحد إلّا فى وقت سكرة الموت ، فحينئذ يظهر[٨] له مافى غيبه . و إن القلب إذا [١٠ظ]

(١) فى الأصل « الفؤاد»
(٢) سورة ٩ آية ٢٨
(٣) سورة ٩ آية ٩٥
(٤) سورة ٩ آية ٤٥
(٥) سورة ١٦ آية ٢٢
(٦) سورة ٢ آية ١٠ وغيرها
(٧) لعله لقمان الحكيم الوارد ذكره فى القرآن سورة ٣١ آية ١٢ ـ ١٣
(٨) فى الأصل « تظهر » .

{55} {٥٥}

« أولَئِكَ الَّذِينَ لَمْ يُرِدِ اللهُ أَنْ يُطَهِّرَ قُلُوبَهُمْ »[١]، وقال : « وَلِيُمَحِّصَ مَافِي قُلُوبِكُمْ »[٢]، [وقال] في الوجل : « وَقُلُوبُهُمْ وَجِلَةٌ »[٣]، وقال : « وَجِلَتْ قُلُوبُهُمْ »[٤]، وقال في الإخبات : « فَتُخْبِتَ لَهُ قُلُوبُهُمْ »[٥]، وقال في اللين : « ثُمَّ تَلِينُ جُلُودُهُمْ وَقُلُوبُهُمْ إِلَى ذِكْرِ اللهِ »[٦]، وقال في عدم الفقه : [١٠و] « لَهُمْ قُلُوبٌ لَا يَفْقَهُونَ بِهَا »[٧]، وقال في الخشوع : « أَلَمْ يَأْنِ لِلَّذِينَ آمَنُوا أَنْ تَخْشَعَ قُلُوبُهُمْ لِذِكْرِ اللهِ »[٨]. ورأى رسول الله صلى الله عليه وسلم رجلا يصلي وهو يعبث بلحيته فقال « لو خشع قلب هذا لخشعت جوارحه »[٩]، وقال أهل التفسير إن معنى الخشوع الخوف الدائم في القلب[١٠].

اعلم، رحمك الله، أنه ليس من خلق الله شيء أطيب من قلب طاب بنور التوحيد والمعرفة والإيمان، ولا أطهر ولا أنظف ولا أتقى ولا أصفى ولا

(١) سورة ٥ آية ٤١
(٢) سورة ٣ آية ١٥٤
(٣) سورة ٢٣ آية ٦٠
(٤) سورة ٨ آية ٢ وسورة ٢٢ آية ٣٥
(٥) سورة ٢٢ آية ٥٤
(٦) سورة ٣٩ آية ٢٣
(٧) سورة ٧ آية ١٧٩
(٨) سورة ٥٧ آية ١٦
(٩) كنز العمال جزء ٢ رقم ٧٦٦
(١٠) انظر تفسير الطبرى، القاهرة ١٣٢٣ ـ ١٣٢٩، جزء ٢٥ ص ٨، جزء ١٨ ص ٢.

{٥٤} {54}

التقوى والسكينة [١] والوجل والإخبات واللين [٢] والاطمأنينة والخشوع والتمحيص والطهارة. قال الله تعالى : « وَأَلْزَمَهُمْ كَلِمَةَ التَّقْوَى وَكَانُوا أَحَقَّ بِهَا » [٣] وأشار بالإلزام [٤] إلى قلوبهم ، وقال : « هُوَ الَّذِي أَنْزَلَ السَّكِينَةَ فِي قُلُوبِ الْمُؤْمِنِينَ » [٥] ، وقال : « فَعَلِمَ مَا فِي قُلُوبِهِمْ فَأَنْزَلَ السَّكِينَةَ عَلَيْهِمْ » [٦] ، وقال فى قصة الخليل عليه السلام : « وَلَٰكِنْ لِيَطْمَئِنَّ قَلْبِي » [٧] ، وقال : « وَتَطْمَئِنَّ قُلُوبُنَا » [٨] ، وقال : « أُولَٰئِكَ الَّذِينَ امْتَحَنَ اللَّهُ قُلُوبَهُمْ لِلتَّقْوَى » [٩] ، وأشار رسول الله صلى الله عليه وسلم بالتقوى إلى قلبه ، وقال عز وجل : « إِنَّمَا يَتَقَبَّلُ اللَّهُ مِنَ الْمُتَّقِينَ » [١٠].

وأصل التقوى فى القلب ، وهى [١١] التقوى من الشك والشرك والكفر والنفاق والرياء . وقال فى الطهارة : « ذَٰلِكُمْ أَطْهَرُ لِقُلُوبِكُمْ » [١٢] ، وقال:

(١) فى الأصل « بالسكينة »
(٢) فى الأصل « الدين »
(٣) سورة ٤٨ آية ٢٦
(٤) فى الأصل « اللزام »
(٥) سورة ٤٨ آية ٤
(٦) سورة ٤٨ آية ١٨
(٧) سورة ٢ آية ٢٦٠
(٨) سورة ٥ آية ١١٣
(٩) سورة ٤٩ آية ٣
(١٠) سورة ٥ آية ٢٧
(١١) فى الأصل « هو »
(١٢) سورة ٣٣ آية ٥٣

{53} {٥٣}

وقوامه بعلم الشريعة وصلاح باطنه وقوامه بالعلم الآخر ، وهو علم الحقيقة ، والدليل على ذلك أن صلاح الدين بصحة التقوى ، وقد قال رسول الله صلى الله عليه وسلم « التقوى هاهنا » وأشار بيده إلى قلبه . فمن اتقى بالعلم الظاهر وأنكر العلم الباطن فهو منافق ، ومن [اتقى] بالعلم الباطن ولم يتعلم العلم الظاهر ليقيم به الشريعة وأنكرها فهو زنديق ، وليس علمه فى الباطن علماً فى الحقيقة ، إنما هو وساوس يوحى [بها] الشيطان إليه . قال الله تعالى : « وَإِنَّ ٱلشَّيَاطِينَ لَيُوحُونَ إِلَىٰٓ أَوْلِيَآئِهِمْ »[١] . وأما من كان مسلماً مؤمناً صالحاً عارفاً ، آمن بكتاب الله و [سنة] رسوله [و] تمسك بالشريعة وعمل بها واقتدى برسول الله صلى الله عليه وسلم واتبعه واتبع الأئمة من أصحابه وشاهد بقلبه مع الله تعالى على سبيل الافتقار والافتخار به ورؤية [٩ظ] الاضطرار من نفسه وترك الاختيار وصحبة الملك الغفار . وقد وفقنى الله بمنته حتى بالغتُ فى الشرح والبيان بين الصدر والقلب .

والقلب هو معدن نور الإيمان ، قال الله تعالى : « أُو۟لَـٰٓئِكَ كَتَبَ فِى قُلُوبِهِمُ ٱلْإِيمَـٰنَ »[٢] ، وقال : « وَلَـٰكِنَّ ٱللَّهَ حَبَّبَ إِلَيْكُمُ ٱلْإِيمَـٰنَ وَزَيَّنَهُۥ فِى قُلُوبِكُمْ »[٣] ، وقال : « وَقَلْبُهُۥ مُطْمَئِنٌّۢ بِٱلْإِيمَـٰنِ »[٤] .والقلب هومعدن

(١) سورة ٦ آية ١٢١
(٢) سورة ٥٨ آية ٢٢
(٣) سورة ٤٩ آية ٧
(٤) سورة ١٦ آية ١٠٦

{٥٢} {52}

سره حين يشاهد الله جل جلاله ، فيرى قدمه وكماله و بقاءه ، و يرى حدوث الخلق وفناءهم .

وجميع هذه الوجوه ليس لبحارها غاية ولا لجواهرها نهاية وقد قال جل جلاله : « يُؤْتِي ٱلْحِكْمَةَ مَنْ يَشَاءُ وَمَنْ يُؤْتَ ٱلْحِكْمَةَ فَقَدْ أُوتِيَ خَيْراً كَثِيراً وَمَا يَذَّكَّرُ إِلَّا أُولُو ٱلْأَلْبَابِ » (١) . وهذه الوجوه كلها ، ما يجرى [منها] على لسان الحكيم ، كمثل (٢) البحر يموج منه (٢) الزبد فينبذه البحر فينتفع به الإنسان ، فكذلك الحكيم [٩و] ما يجرى من الحكمة على اللسان و يعبّر للخلق على لسان البيان كزبد يهيج من بحر القلب ، وزبد البحر ينتفع به من كان به رمد العين ، فكذلك ينتفع من فى قلبه مرض حب الدنيا ورمدت (٣) عينا قلبه بقول (٤) الحكيم ، [و] يشفى الله تعالى صدره مما فيه من الأمراض من حب الشهوات ومثله (٥) من الآفات .

فهذا طريق باطن العلم وظاهره ، ولا يستغنى أحدهما عن الآخر ، لأن أحد العلمين بيان الشريعة وهو حجة الله تعالى على خلقه ، والآخر بيان الحقيقة التى وصفتُ بعضها ، فعمارة القلب والنفس بهما جميعاً ، وصلاح ظاهر الدين

(١) سورة ٢ آية ٢٦٩
(٢-٢) فى الأصل « البحر يموج عنه يموج منه »
(٣) فى الأصل « رمده »
(٤) فى الأصل « يقول »
(٥) فى الأصل « مايه »

{51} {٥١}

كان وخوف النار ومحاربة الشيطان ومجاهدة النفس ومخالفة هواها ومتابعة الرسول وأصحابه والتمسك بالسنة . ومنهم من يُكشف له من [طريق] التحدث بنعم الله وذكر آلائه ودفع بلائه وكثرة عطائه وجميل ستره وطول حلمه وعظيم عفوه وسعة رحمته وما أشبهها من هذا النوع . [٨ظ] ومنهم من يكشف له [من طريق] مشاهدة ما سبق له من الله فى أزليته وقدمه من ذكره إياه ومن حسن نظره إليه واجتبائه واختياره واصطفائه ولطائفه السابقة . ومنهم [من] يكشف له من طريق مشاهدة الحقائق من أفعال الربوبية ، فيشاهد آثار قدرته فى الأشياء كلها وجميل صنعه وما أشبه هذا الجنس . ومنهم من يكشف له (١ من طريق ١) مشاهدة عظمة الله وجلاله وكبريائه وعظم قدرته وحقارة قدر خلقه فى جنب عظمته ورؤية (٢) فقر الخلق وضرهم وفاقتهم وحاجتهم إليه وقوته وغنائه عنهم وسعة خزائنه وكفايته وحسن عنايته فى أمورهم. ومنهم من يكشف [له] من جهة رؤية التوفيق وحلاوة المعرفة والمحبة ورؤية عصمته (٣) إياه من الضلالة والكفر والأهواء . ومنهم من يكشف له من طريق مشاهدة فردانيته ووحدانيته فقط ، حتى لا يرى فى سره معه غيره ، فيتلاشى قدر من دونه فى

(١ـ١) فى الأصل « من كل طريق »
(٢) فى الأصل « رؤيته »
(٣) فى الأصل « عظمته »

{٥٠} {50}

علم لاينفع »[١] ، [٨و] وقال أيضاً صلى الله عليه وسلم « نعوذ بالله من منافق عليم اللسان جهول القلب »[٢]. فهذا كله دليل على أن المسموع الذى يحمله إنما هو حجة الله على النفس وهو يشترى به[٣] الدنيا و يستغنى به عن الدين [الذى] هو أنفع له ، ولا يعمل به حتى يكشف الله له من العلم النافع ، ورُوى عنه عليه السلام أنه قال « من عمل بما يعلم أورثه الله علم مالم يعلم » .

[٤] ثم اعلم[٤] أن القلب لاغاية لغور بحاره ولا عدد لكثرة أنهاره ، ومثل[٥] الحكماء فى البحار كالغوّاصين ، ومثلهم فى الأنهار كمثل السقّائين[٦] والصيّادين ، فكل يستخرج و يجد منها على قدر ما يرزقه الله منها . فمنهم من يُكشف له من جواهر معرفة عيوب الدنيا وسرعة انقلابها وكثرة غرورها وقلة ثباتها وتعجيل زوالها ، [و] يُكشف له من معرفة مكائد الشيطان وأصناف[٧] وساوسه . ومنهم من يُكشف [له] من طريق معرفة مراتب أهل التقوى ودرجات أهل العلم ومكارم الأخلاق وحسن معاملة الخلق عند مساويهم واحتمال الأذى والسخاوة بالدنيا والإيثار على نفسه كائناً من

(١) كنز العمال جزء ١ رقم ٣٦٣٣
(٢) قارن كنز العمال جزء ٥ رقم ٤٤٤٠ ، ٤٤٤١ ، ٤٧٩٣ ، ٤٨٠١
(٣) فى الأصل « فيه »
(٤ـ٤) فى الأصل « ثم إن اعلم »
(٥) فى الأصل « وكمثل »
(٦) فى الأصل « الشوابين »
(٧) فى الأصل « أضعف »

{49} {٤٩}

فى القلب فإنه يُسْأَل عنه ويُحاسب ، قال الله تعالى : « إِنَّ ٱلسَّمْعَ وَٱلْبَصَرَ وَٱلْفُؤَادَ كُلُّ أُولَٰئِكَ كَانَ عَنْهُ مَسْئُولًا » [١] .

وكل علم تحمله النفس ويعيه [٢] الصدر فإن النفس تزداد به تكبرا وترفعا [٣] وتأبى قبول الحق ، وكلما ازدادت علما ازدادت [٤] حقداً [٥] على الإخوان وتمادياً على الباطل والطغيان ، قال رسول الله صلى الله عليه وسلم « إن لهذا العلم طغياناً كطغيان المال » واعلم أن العلم إذا قل نفعه اشترى به صاحبه الثمن القليل وأعرض عن طاعة الله . وهذا العلم إنما تعلمه لإقامة الشريعة وتأديب النفس وإصلاحها ومنعها عن الجهل ومعرفة حدود أحكام الدين [و] قوام ظاهر الدين . وإنما تكثر منفعته وتزداد وتعظم إذا كشف الله له [علم] الباطن ، علم القلب ، وهو العلم النافع . ألا ترى إلى ماقال رسول الله صلى الله عليه وسلم « العلم علمان علم باللسان فذلك حجة الله على خلقه وعلم بالقلب فذلك العلم النافع » [٦] . وتعوّذ رسول الله صلى عليه وسلم فقال « اللهم إنى أعوذ بك من

(١) سورة ١٧ آية ٣٦
(٢) فى الأصل « يعينه »
(٣) فى الأصل « ترافعا »
(٤) فى الأصل « ازداد »
(٥) فى الأصل « حسدا »
(٦) كنز العمال جزء ٥ رقم ٤٠٥٠ ، ٤٣٣٨ ـ ٤٣٣٩ و « كتاب الأربعين فى التصوف » لأبى عبد الرحمن السلمى ، حيدر آباد ١٩٥٠ ، ص ٥ .

{٤٨} {48}

وهذا النوع من العلم لا يستقر فى الصدر [١] ولا يتمكن فيه إلا بعد التكرار وجهد الاعتبار والمواظبة عليه ، لأنه مثل الطريق وخاصة لما دخل فيه [من] الخارج مثل المسموع . فأما [ما] خرج إليه من داخل القلب من لطائف الحكمة وشواهد المنة فاستقراره فى الصدر متمكن ، وإنما لا يثبت فى الصدر [٢] هذه الأحوالُ لأنه موضع ورود الأشغال والحوائج [٣] لأنه كالفناء [٣] للبيت [٧ظ] الذى فى الدار ، وقد يدخل فى الدار من الخدم والحشم والجيران والأجانب وغيرهم فى أوقات ولا يدخل فى البيت الذى يدخل فيه صاحبه إلا ذو رحم أو محرم أو قريب أو صديق . وقد يُعبَّر من جهة مجاز اللغة أيضاً بالنفس عن القلب ، قال الله تعالى فى قصة عيسى عليه السلام : « تَعْلَمُ مَافِى نَفْسِى » [٤] يعنى تعلم ما فى قلبى ، وقال : « وَٱعْلَمُوا أَنَّ اللهَ يَعْلَمُ مَافِى أَنْفُسِكُمْ فَاحْذَرُوهُ » [٥] يريد به القلب ، وقال رسول الله صلى الله عليه وسلم « إن الله عز وجل تجاوز عن أمتى ما حدثت به أنفسها » [٦] ، فبان لك أن المراد من الحديث وساوس الصدور التى لا تستقر . فأما ما استقر

(١) فى الأصل « الصدور »
(٢) فى الأصل « الصدور »
(٣–٣) فى الأصل « لأنها كالقفا »
(٤) سورة ٥ آية ١١٦
(٥) سورة ٢ آية ٢٣٥
(٦) المعجم المفهرس جزء ١ ص ٤٠١

{47} {٤٧}

ثم يخرج منها (١ وليس فى اللؤلؤة موضع غير تدخل فيها شىء اللهم إلا أن يرفع فحينئذ يصير موضعه خالياً يسع فى مكانها شىء آخر ١) .

الفصل الثالث

والعمى والبصر يضاف إلى القلب ولا يضاف إلى الصدر ، قال الله تعالى : « فَإِنَّهَا لَا تَعْمَى ٱلْأَبْصَارُ وَلَـٰكِن تَعْمَى ٱلْقُلُوبُ ٱلَّتِي فِي ٱلصُّدُورِ »(٢) ، هذا هو الطريق الظاهر . وأما من جهة مجاز اللغة وتعارف الناس ربما (٣ يعبر بلفظة٣) الصدر عن القلب ، قال الله تعالى : « قُلْ إِن تُخْفُوا مَا فِي صُدُورِكُمْ أَوْ تُبْدُوهُ يَعْلَمْهُ ٱللَّهُ »(٤) ، وقال : « وَمَا تُخْفِي صُدُورُهُمْ أَكْبَرُ »(٥) ، وقال : « وَرَبُّكَ يَعْلَمُ مَا تُكِنُّ صُدُورُهُمْ وَمَا يُعْلِنُونَ »(٦) . وعنى بذلك القلب ، ولكن عنى بها كلها قلوب الكفار ، لأن صدورهم (٧) وقلوبهم صادة موصدة (٨) لخلوها عن نور الهدى .

(١ـ١) هكذا فى الأصل ولعل المراد « ليس فى الصدفة موضع غير موضع اللؤلؤة يدخل فيه شىء إلا أن ترفع اللؤلؤة فحينئذ يصير موضعها خاليا يسع فى مكانها شيئا اخر »
(٢) سورة ٢٢ آية ٤٦
(٣ـ٣) فى الأصل « يعبر عنه بلفظة »
(٤) سورة ٣ آية ٢٩
(٥) سورة ٣ آية ١١٨
(٦) سورة ٢٨ آية ٦٩
(٧) فى الأصل « صدوهم »
(٨) فى الأصل « واحدة »

{٤٦} {46}

فقلب المؤمن سليم وصدره سليم ، وقلب الكافر والمنافق ميت وسقيم ، وصدره فيه ظلم عظيم ، قال الله تعالى : « فِي قُلُوبِهِمْ مَرَضٌ » (١) ، وقال : « إِنَّ الشِّرْكَ لَظُلْمٌ عَظِيمٌ » (٢) ، وقال : « إِنْ فِي صُدُورِهِمْ إِلَّا كِبْرٌ » (٣) .

واعلم أن كل علم لا يوصل إليه إلا بالتعلم والتحفظ والاجتهاد والتكلف من جهة السمع والخبر قرآناً كان أو حديثاً أو غيره ، فإن موضعه الصدر و يجوز عليه حكم النسيان ، قال الله تعالى : « بَلْ هُوَ آيَاتٌ بَيِّنَاتٌ فِي صُدُورِ الَّذِينَ أُوتُوا الْعِلْمَ » (٤) . وهو العلم الذى تتهيأ (٥) عبارته وقراءته وروايته و بيانه ، و يمكن فى صاحبه النسيان ، لأن النفس هى التى تحمله وتحفظه ، وهى مطبوعة على النسيان ، فربما ينساه بعد التحفظ و بعد جهد كثير . والصدر فى هذا [٧و] المعنى (٦ كظهر القلب ٦) ، يقال فلان يقرأ عن (٧) ظهر قلبه . [و] مع هذا الجهد ربما غلط وسها وشك فى محفوظه . والصدر أيضاً من القلب كالصدفة من اللؤلؤة ، ربما دخل فى الصدفة شىء غير اللؤلؤة مثال الماء وما يشبهه ،

(١) سورة ٥ آية ٥٢ وسورة ٢ آية ١٠ الخ
(٢) سورة ٣١ آية ١٣
(٣) سورة ٤٠ آية ٥٦
(٤) سورة ٢٩ آية ٤٩
(٥) فى الأصل « تهيا »
(٦–٦) فى الأصل « كظهره »
(٧) فى الأصل « على »

{45} {٤٥}

والصدر أيضاً موضع الغل والجناية ، لأن النفس ذات غل (١) وجناية ولها ولاية فى الصدر بالدخول ، وهو من جهة الابتلاء ، وقدذكر فيما تقدم . قال الله تعالى فى صفة أهل الجنة : « وَنَزَعْنَا مَافِى صُدُورِهِمْ مِنْ غِلٍّ » (٢) حتى يدخلوا (٣) الجنة بلا غل . وقلب المؤمن [٦ظ] محفوظ من الغل لأنه موضع الإيمان ، إلا أن الله تعالى أمر عباده أن يدعوه و يسألوه أن لا يجعل فى قلوبهم غلا . قال الله تعالى : « وَلَا تَجْعَلْ فِى قُلُوبِنَا غِلًّا لِلَّذِينَ آمَنُوا » (٤). وأحبَّ أن يدعوه و يخافوه ليطهّر قلوبهم ، ولم يضمن (٥) لهم حفظ صدورهم من الوسواس ليعرفوا منة الله عليهم ، و يحفظ قلوبهم ليستغيثوا إليه من وساوس الصدور ليزدادوا (٦) عزا وشرفاً بالله إذا طهر قلوبهم ومحصها ، و يزدادوا (٧) ذلا فى أنفسهم . قال الله تعالى : « وَيَشْفِ صُدُورَ قَوْمٍ مُؤْمِنِينَ وَيُذْهِبْ غَيْظَ قُلُوبِهِمْ » (٨)، فبيّن الله أن الشفاء يكون للصدور التى هى موضع الغل ، وقال أيضاً : « قَدْ جَاءَتْكُمْ مَوْعِظَةٌ مِنْ رَبِّكُمْ وَشِفَاءٌ لِمَا فِى الصُّدُورِ » (٩).

(١) فى الأصل « دغل »
(٢) سورة ٧ آية ٤٣ وسورة ١٥ آية ٤٧
(٣) فى الأصل « يدخل »
(٤) سورة ٥٩ آية ١٠
(٥) فى الأصل « يظمن »
(٦) فى الأصل « ليزدادون »
(٧) فى الأصل « ويزدادون »
(٨) سورة ٩ آية ١٤–١٥
(٩) سورة ١٠ آية ٥٧

{٤٤} {44}

نور الإيمان و [نور] الإحسان ، فتعاونت وتواصلت وتشاكلت . قال الله تعالى فى قصة الأنبياء عليهم الصلاة والسلام : « إِنَّا أَنزَلْنَا التَّوْرَاةَ فِيهَا هُدًى وَنُورٌ يَحْكُمُ بِهَا النَّبِيُّونَ الَّذِينَ أَسْلَمُوا »[١] ، وفى قصة إبراهيم : « فَلَمَّا أَسْلَمَا وَتَلَّهُ لِلْجَبِينِ »[٢] . فهؤلاء خاصة الله طالبهم الله بالاستقامة على حقيقة الإسلام ، وهو أنهم[٣] تبرءوا من حولهم وقوتهم ، فأسلموا ظاهرهم وباطنهم لله . والدليل على أن الإسلام والإيمان ، وإن كانا مختلفى الاسمين فهما شكلان فى المعنى ، قول[٤] الله تعالى : « وَقَالَ مُوسَىٰ يَا قَوْمِ إِنْ كُنْتُمْ آمَنْتُمْ بِاللَّهِ فَعَلَيْهِ تَوَكَّلُوا إِنْ كُنْتُمْ مُسْلِمِينَ »[٥] ، وقوله تعالى : « وَإِذَا يُتْلَىٰ عَلَيْهِمْ قَالُوا آمَنَّا بِهِ إِنَّهُ الْحَقُّ مِنْ رَبِّنَا إِنَّا كُنَّا مِنْ قَبْلِهِ مُسْلِمِينَ »[٦] ، وقوله تعالى : « فَأَخْرَجْنَا مَنْ كَانَ فِيهَا مِنَ الْمُؤْمِنِينَ » الآية[٧] . والإيمان على تعارف العامة وعلى وجه الشريعة هو التصديق بالحق وقبوله بالقلب والإقرار باللسان أنه حق ، والإسلام هو الانقياد للحق بالنفس والقلب والإقبال إليه والاستقامة عليه والاجتناب عما يخالفه .

(١) سورة ٥ آية ٤٤
(٢) سورة ٣٧ آية ١٠٣
(٣) فى الأصل « أن »
(٤) فى الأصل « قال »
(٥) سورة ١٠ آية ٨٤
(٦) سورة ٢٨ آية ٥٣
(٧) سورة ٥١ آية ٣٥–٣٦

{43} {٤٣}

يَجْعَلْ صَدْرَهُ ضَيِّقاً حَرَجاً »[١] ، فبيّن الله تعالى أن الصدر إذا امتلأ[٢] من ظلمات[٢] الكفر ضاق عن وسع أضدادها من الأنوار .

وصدر المؤمن مكان نور الإسلام فيه . والإسلام اسم جامع لدين الله تعالى ، ويضيفه للعبد أيضاً لقوله عليه السلام « الإسلام[٣] إقرار باللسان وعمل بالأركان مع تصديقه بالإيمان ومشاهدته بعض صنائع الرحمن »[٤] ، كما أن العين والحرم والدار والقنديل واللوز أسماء جامعة . والإسلام اسم عامّ يشتمل على الإيمان والقول باللسان والعمل بالأركان . ولكن الإسلام له ظاهر وباطن ، فظاهره ربما حمله المنافق وشرك أهل الإسلام فيه ظاهراً وهو فى الباطن كافر ، قال الله تعالى : « قَالَتِ ٱلْأَعْرَابُ ءَامَنَّا قُلْ لَمْ تُؤْمِنُوا وَلَٰكِنْ قُولُوا أَسْلَمْنَا »[٥] ، فبيّن الله تعالى أنهم لم يؤمنوا بعد إلا أنهم أسلموا بأفواههم ولم تؤمن قلوبهم . وأما باطن الإسلام فهو الانقياد لرب الأنام وتسليم النفس والقلب لما يجرى عليه من [٦ و] الأحكام ، قال الله تعالى : « بَلَىٰ مَنْ أَسْلَمَ وَجْهَهُ لِلَّهِ وَهُوَ مُحْسِنٌ »[٦] ، فهذا هو المسلم حقا الذى يشا كل نور إسلامه

(١) سورة ٦ آية ١٢٥
(٢–٢) فى الأصل « من شىء وهو »
(٣) فى الأصل « الإيمان »
(٤) قارن « المعجم المفهرس لألفاظ الحديث النبوى » للدكتور أ. ى. ونسنك ، ليدن ١٩٣٣ جزء ٢ ص ٣٠٣
(٥) سورة ٤٩ آية ١٤
(٦) سورة ٢ آية ١١٢

{٤٢} {42}

كانت تضيق صدورهم إذا سمعوا الكفار يذكرون لله شريكا أو يكذبونهم [١] إذا ذكروا وحدانية الله تعالى . ولا غاية لضيق الصدر إذا ضاق ، وصدر كل واحد يضيق على قدر جهله وغضبه ، وكذلك [٢] لا غاية لسعته إذا انشرح بهدى الله تعالى ، فإذا ضاق عن الحق اتسع للباطل ، وإذا ضاق عن الباطل اتسع للحق . ألا ترى إلى ما ذكر الله تعالى على نبيه صلى الله عليه وسلم : « أَلَمْ نَشْرَحْ لَكَ صَدْرَكَ » [٣] ، فمنّ الله بشرح صدره بأنوار حق الإسلام حتى ضاق صدره عن وسع الباطل . وصدر المؤمن يضيق أحياناً من كثرة الوسواس والغم والشغل وتتابع الحوائج وبلوغ الحوادث وإصابة المصائب ، [٥ظ] ويضيق أيضاً إذا سمع باطلا [ف]لا يحمل قلبه ذلك ، لأن الله تعالى وسع صدره بنور الإسلام « فَهُوَ عَلَى نُورٍ مِنْ رَبِّهِ » [٤] ، وأما صدر الكافر والمنافق فإنه امتلأ من ظلمات الكفر والشرك والشك ، واتسع لها ، فلم يبق فيه [٥] مكان لنور الإسلام ،وضاق عن وسع نور الحق فيه . قال الله عز وجل « وَلَـٰكِنْ مَنْ شَرَحَ بِالْكُفْرِ صَدْراً فَعَلَيْهِمْ غَضَبٌ مِنَ ٱللهِ » [٦]، وقال : « فَمَنْ يُرِدِ ٱللهُ أَنْ يَهْدِيَهُ يَشْرَحْ صَدْرَهُ لِلْإِسْلَامِ وَمَنْ يُرِدْ أَنْ يُضِلَّهُ

(١) فى الأصل « يكذبوهم »
(٢) فى الأصل « وذلك »
(٣) سورة ٩٤ آية ١
(٤) سورة ٣٩ آية ٢٢
(٥) فى الأصل « فيها »
(٦) سورة ١٦ آية ١٠٦

{41} {٤١}

بدخول [الشيطان و] وسوسته فى صدره ليعامه قليلا من حقارة قدره ويريه تمام فقره. وتصديق ذلك قوله عز وجل : « وَلِيَبْتَلِيَ اللَّهُ مَا فِي صُدُورِكُمْ »(١) يعنى ، والله أعلم ، بوساوس الشيطان والنفس، « وَلِيُمَحِّصَ مَا فِي قُلُوبِكُمْ »(١) وهو طهارة القلب بنور الإيمان ، وقال جل وعز : [٥و] « الَّذِي يُوَسْوِسُ فِي صُدُورِ النَّاسِ »(٢) .

اعلم أن انشراح الصدر والضيق إنما يضاف إليه ولا يضاف إلى القلب . قال الله تعالى : « فَلَا يَكُنْ فِي صَدْرِكَ حَرَجٌ مِنْهُ »(٣) ، وقال : « فَلَعَلَّكَ تَارِكٌ بَعْضَ مَا يُوحَى إِلَيْكَ وَضَائِقٌ بِهِ صَدْرُكَ »(٤) ، وقال : « وَلَقَدْ نَعْلَمُ أَنَّكَ يَضِيقُ صَدْرُكَ »(٥) ، وأخبر عن كليمه موسى عليه السلام أنه قال : « رَبِّ إِنِّي أَخَافُ أَنْ يُكَذِّبُونِ وَيَضِيقُ صَدْرِي »(٦) ، فأضاف الله الضيق إلى الصدر . وضيق صدر النبى عليه السلام وصدر الكليم لا يكون من جهة الوسواس الذى يكون لعامة المسلمين ، لأن الأنبياء عليهم الصلاة والسلام عصمهم ربهم من وسواس الشيطان ومنازعات النفوس ، ولكن

(١) سورة ٣ آية ١٥٤
(٢) سورة ١١٤ آية ٥
(٣) سورة ٧ آية ٢
(٤) سورة ١١ آية ١٢
(٥) سورة ١٥ آية ٩٧
(٦) سورة ٢٦ آية ١٢-١٣

{٤٠} {40}

والمقامات المسكوت عنها التى وراء هـذه المقامات المذكور [٤ ظ] بعضها إنما يبصر [ها] عبد موفَّق بفهم هذه المقامات الموصوفة بهذه الأمثال المعروفة ، يعينه الله تعالى ويؤيده ليفهمها ، وتكون [(1)] هذه المقامات التى وراء هذه المذكورات كزيادة صفو الماء إذا لبث فى الآنية ، فبهذه الأمثال يدرك طريق السر المسكوت عنه .

[الفصل الثانى]

وإن المؤمن قد ابتلى بالنفس وأمانيها، وأعطيت [النفس] ولاية التكلف بالدخول فى[(2)] الصدر . والنفس[(2)] معدنها فى الجوف وموضع القرب، وهيجانها من الدم وقوة النجاسة ، فيمتلىء الجوف من ظلمة دخانها وحرارة نارها ، ثم تدخل[(3)] فى الصدر بوسوستها وأباطيل أمانيها ابتلاء من الله إياه حتى يستعين العبد بصدق افتقاره ودوام تضرعه لمولاه ، فيجيبه الله تعالى و يصرف عنه شرها . وكذلك الشيطان ، يدخل بوسوسته فى صدر العبد ، وهو آخر ولاية حد النفس ، لأن النفس الأمّارة بالسوء شكل الشيطان ، وهما شيطانان ، قال الله تعالى : « شَيَاطِينَ ٱلْإِنْسِ وَٱلْجِنِّ » الآية[(4)] . وإن الله جل وعلا رحم عبده المؤمن حيث لم يجعل قلبه فى يد نفسه ، و إنما هو برحمته يتولاه ، و يبتليه

(١) فى الأصل « كون »
(٢ـ٢) فى الأصل « الصدر فى الجوف والنفس »
(٣) فى الأصل « يدخل »
(٤) سورة ٦ آية ١١٢

{39} {٣٩}

السر ومشاهدة البر ، والإسلام الشكر على البر وتسليم القلب للسر ، لأن التوحيد سر بهداية [١] الله تعالى للعبد ودلالته إياه عليه ، لم يكن العبد يدركه بعقله لولا تأييد الله تعالى وهدايته له . والمعرفة بر من الله تعالى له إذ [٢] فتح الله له باب الآلاء والنعماء مبتدئاً من غير استحقاق من العبد لذلك . ومَنَّ عليه بالهدى حتى آمن بأن هذا كله من الله تعالى ، منّه عليه نعمةً ومنةً ، لا يقدر [على] شكره إلا بتوفيق الله ، وذلك أيضاً نعمة جديدة مِنْه عليه ، فهو يشاهد بر الله ويحافظ سره ، إذ هو الموفق ، لأنه لايدرك كيفية ربوبيته ، فعلم أنه واحد ، ويجتنب [٣] التشبيه والتعطيل والتكييف والتجنيف ، فهذا هو الإيمان الذى هو يشاهد البر ويحافظ السر . وإن الإسلام هو استعمال النفس فى بر الله بطاعته بالشكر والاستقامة وتسليم الربوبية إليه والإعراض [٤] عن إدراك السر والإقبال إلى العبودية والدوام على ما يقربه [٥] إليه ، لأن الإسلام إنما يقام بالنفس والنفس هى عمياء عن إدراك الحق ومشاهدته ، ولم يكلف النفس إدراك الحقائق ، ألا ترى أن العبد أُمر بالإيمان بالقلب ، ولم يكلف بإدراك [٦] ما آمن من جهة الكيفية ، إنما عليه الاتباع والفرار من الابتداع ، ويكفى من النفس التسليم فحسب .

(١) فى الأصل « ببداية »
(٢) فى الأصل « إذا »
(٣) فى الأصل « يجتنب عن »
(٤) فى الأصل « الاعتراض »
(٥) فى الأصل « تقربه »
(٦) فى الأصل « لإدراك »

{٣٨} {38}

ومَثَل الفؤاد فى القلب ، وهو المقام الثالث ، كمَثَل الحدقة فى سواد العين ، وكمثل المسجد الحرام فى داخل مكة ، وكمثل المخدع والخزانة [فى] البيت ، وكمثل الفتيلة (١) فى موضعها وسط القنديل (٢) وكمثل اللب (٣) فى داخل اللوز . وهذا الفؤاد موضع المعرفة وموضع الخواطر وموضع الرؤية ، وكما يستفيد الرجل يستفيد فؤاده أولا ، ثم القلب . والفؤاد فى وسط القلب كما أن القلب فى وسط الصدر ، مثل اللؤلؤة فى الصدف .

ومَثَل اللب فى الفؤاد كمثل نور البصر فى العين ، وكمثل نور السراج فى فتيلة القنديل ، وكمثل الدهن المكنون فى داخل لب اللوز . وكل واحد من هذه الأشياء (٤ الخارجة وقاية٤) وستر للذى يليه (٥) من الداخل ، وكل واحد منهن يشاكل الباقيات الأُخر ، فهى (٦) أشكال متعاونات قريبة المعانى بعضها من بعض (٧) ، موافقات غير مخالفات ، لأنها أنوار الدين والدين واحد وإن كان مراتب أهله تختلف وتتنوع . وهذا اللب موضع نور التوحيد ونور التفريد ، وهو النور الأتمّ والسلطان الأعظم .

وبعد هذا مقامات لطيفة وأمكنة شريفة ولطائف ظريفة ، والأصل لهن جميعهن نور التوحيد ، فالتوحيد سِرّ والمعرفة بِرّ ، [٤و] والإيمان محافظة

(١) فى الأصل « القنديل »
(٢) فى الأصل « القنديلة »
(٣) فى الأصل « اللوز »
(٤ـ٤) فى الأصل « خارجة ووناية »
(٥) فى الأصل « يليها »
(٦) فى الأصل « فهو »
(٧) فى الأصل « بعضهن »

{37} {٣٧}

« إنما الأعمال بالنيات »(١)، ففسر رسول الله صلى الله عليه وسلم أن العمل الذى تعمله النفس إنما يرتفع مقداره بنية القلب، وتضاعف الحسنة على قدر النية. والعمل للنفس، ومنتهى ولايتها إلى الصدر بنية القلب وولايته. [و]ليس (٢ القلب فى ٢) يد النفس رحمة من الله تعالى، لأن القلب هو الملك والنفس هى (٣) المملكة، كما قال رسول الله صلى الله عليه وسلم « واليد جناح والرجلان بريد، والعينان مصلحة، والأذنان قمع، والكبد رحمة، والطحال ضحكة، والكليتان مكر، والرئة نفس، فإذا صلح الملك صلحت جنوده، وإذا فسد الملك فسد جنوده »(٤)، فبين رسول الله صلى الله عليه وسلم أن القلب ملك. فالصدر للقلب كالميدان للفارس. و بيّن عليه السلام أن صلاح الجوارح بصلاح القلب وفسادها بفساد القلب، فالقلب بمنزلة السراج وصلاح السراج بالنور، وذلك النور نور التقى واليقين، لأنه إذا خلا عن هذا النور كان القلب بمنزلة مسرجة طفىء نور سراجها. وكل عمل جاء من النفس [٣ظ] من غير قلب فإنه ليس بمعتبر فى حكم الآخرة، وليس بمؤاخذ صاحبه إن كان معصية ولا مثاب إن كان طاعة، كما قال الله تعالى: « يُؤَاخِذُكُمْ بِمَا كَسَبَتْ قُلُوبُكُمْ »(٥).

(١) انظر صحيح البخارى كتاب ٢ باب ٤١

(٢-٢) فى الأصل « القلب ليس فى »

(٣) فى الأصل « هو »

(٤) انظر « كنز العمال فى سنن الأقوال والأفعال » لعلاء الدين على المتقى حسام الدين الهندى حيدر آباد ١٣١٢ جزء ١ رقم ١٢٠٦-١٢٠٧

(٥) سورة ٢ آية ٢٢٥

{٣٦} {36}

مايعبّر عنه بلسان العبارة ، ويكون أول سبب الوصول إليه التعلم والسمع . و إنما سمّى صدراً لأنه صدر القلب ، وأول مقامه كصدر النهار الذى هو أوله ، أو كصحن الدار الذى هو أول موضع منها . و يصدر منه[١] وساوس الحوائج ، وفِكَر الأشغال تصدر[٢] منه[١] إلى القلب أيضاً إذا استقرت[٣] وطالت[٤] المدة .

وأما القلب فهو المقام الثانى فيه ، وهو داخل الصدر ، وهو كسواد العين الذى هو داخل العين ، وهو[٥] البياض ، وكبلد مكة الذى هو داخل الحرم ، وكموضع الفتيلة من القنديل ، وكالبيت داخل الدار ، وكاللوز داخل القشر الأعلى . وهو معدن نور الإيمان ونور الخشوع والتقوى والمحبة والرضا واليقين والخوف والرجاء والصبر والقناعة ، وهو معدن أصول العلم [٣و] لأنه مثل عين الماء والصدر مثل الحوض ، يخرج من العين [إليه الماء] ، كالصدر[٦] يخرج من القلب إليه العلم ، أو يدخل من طريق السمع إليه . والقلب يهيج منه اليقين والعلم والنية ، حتى يخرج إلى الصدر . فالقلب هو الأصل والصدر هو الفرع ، و إنما يتأكد[٧] بالأصل الفرع[٧] ، كما قال رسول الله صلى الله عليه وسلم

(١) فى الأصل « منها »
(٢) فى الأصل « يصدر »
(٣) فى الأصل « استقر »
(٤) فى الأصل « طالب »
(٥) أى الصدر
(٦) فى الأصل « كالطريق »
(٧–٧) فى الأصل « الأصل بالفرع »

{35} {٣٥}

ولـكن الصدر فى القلب هو [فى] المقام من القلب بمنزلة بياض العين فى العين ، ومثل صحن الدار فى الدار ، ومثل الذى يحوط بمكة ، ومثل موضع الماء فى القنديل ، ومثل القشر الأعلى من اللوز الذى يخرج اللوز منه إذا يبس فى الشجر . فهذا الصدر موضع دخول الوسواس والآفات ، كما يعيب بياض[١] العين آفة البثور وهيجان العرق وسائر علل الرمد ، وكما يوضع فى صحن الدار من الحطب[٢] والقماشات ، ويدخل فيها كل أحد من الأجانب أحياناً ، وكما يدخل السباع والبهائم فى ساحة الحرم ، وكما يقع [٢ظ] فوق الماء فى القنديل الفراش وغيره ، وإن [كان] فوق الماء دهن فأسفل موضعه الماء ، وكما تدب القملة والبعوض والذباب فى قشر اللوز الذى هو أعلى إذا انشقّ حتى صارت الهوامّ الصغار يدخلن فيه .

والذى يدخل فى الصدر قلما يشعر [به فى] حينه ، وهو موضع دخول الغل والشهوات والمنى والحاجات ، وإنه يضيق أحياناً وينشرح أحياناً ، وهو موضع ولاية النفس الأمّارة بالسوء ، [٣] ولها فيه [٣] مدخل [و] تتـكلف[٤] أشياء [و] تتـكبر[٥] وتُظهر[٦] القدرة من نفسها . وهو موضع نور الإسلام ، وهو موضع حفظ العلم المسموع الذى يُتعلم من علم الأحكام والأخبار وكل

(١) فى الأصل « ببياض »
(٢) فى الأصل « الحطب »
(٣-٣) فى الأصل « وله فيها »
(٤) فى الأصل « يتكلف »
(٥) فى الأصل « يتـكبر »
(٦) فى الأصل « يتظهر »

{٣٤} {34}

وكل مكان وموضع فيها له حكم غير حكم صاحبه . وكذلك اسم الحرم اسم جامع للحرم من حوالى مكة والبلد والمسجد والبيت العتيق ، وفى كل موضع مناسك غير مايكون فى الموضع الآخر . وكذلك اسم القنديل اسم جامع للزجاجة ، وفى القنديل موضع الماء غير موضع الفتيلة ، وموضع الفتيلة غير موضع الماء ، [٢و] وهو داخل موضع الماء ، والفتيلة هى التى يكون فيها النور ، وفى موضع الفتيلة دهن ليس فيه ماء ، وصلاحه بصلاح هذه الأشياء كلها ، إذا نقص منها واحد فسد ما سواه . وكذلك اسم اللوز اسم جامع للقشر الخارج الذى فوق القشر الصلب ، والقشر الثانى الذى هو مثل العظم والمخ ، واللب الذى فيه ، والدهن الذى فى داخل اللب .

فاعلم ، زادك الله فقهاً فى الدين ، أن لهذا الدين أعلاماً ومنازل ، ولأهله فيه مراتب ، وأهل العلم فيه على درجات . قال الله تعالى : « وَرَفَعْنَا بَعْضَهُمْ فَوْقَ بَعْضٍ دَرَجَاتٍ »(١) وقال : « وَفَوْقَ كُلِّ ذِى عِلْمٍ عَلِيمٌ »(٢) . وكل علم (٣) هو أرفع فموضعه فى القلب هو(٣) أكنّ وأخصّ وأحرز وأخفى وأستر ، ولكنِ ذكرِ اسم القلب ينوب عنِ ذكر سائر المقامات عند عامة الناس .

(١) سورة ٤٣ آية ٣٢ .
(٢) سورة ١٢ آية ٧٦ .
(٣) فى الأصل « فهو أرفع فموضعه فى القلب فى موضع هو »

{33} {٣٣}

بسم الله الرحمن الرحيم

رب يسر وأعن

قال أبو عبد الله محمد بن على التِّرْمِذِى : أما بعد ، فإن بعض أهل العلم والفقه سألنى عن بيان الفَرْق بين الصدر والقلب والفؤاد واللب ، وما وراءها من الشَّغاف ومواضع العلوم ؛ وأُحبّ أن أشرح له بتوفيق الله تعالى إذ هو مُيسّر كل عسير و به أستعين .

[الفصل الأول]

اعلم ، زادك الله فقهاً فى الدين ، أن اسم القلب اسم جامع يقتضى مقامات الباطن كلها ، وفى الباطن مواضع [منها ما] هى من خارج القلب ومنها ما هى [من] داخل القلب؛ فأشبه اسم القلب اسم العين ، إذ العين اسم يجمع [ما] بين الشفيرتين من البياض والسواد والحدقة والنور الذى فى الحدقة. وكل واحد من هذه الأشياء له حكم على حدة ومعنى غير معنى صاحبه ، إلا أن بعضها معاونة لبعض ، ومنافع بعضها متصلة ببعض ؛ وكل ماهو خارج فهو أساس الذى يليه من الداخل ، وقوام النور بقوامهن . وكذلك اسم الدار اسم جامع لما يحفظ بحيطانها من الباب والدهليز وصحنها فى بيوتها وما فيها من المخدع والخزانة ،

Folio 1b des Manuskripts der Bayān al-farq

بسم الله الرحمن الرحيم رب يسر واعن
قال ابو عبد الله محمد بن علي الترمذي اما بعد فان بعض
اهل العلم والفقه سألني من بيان الفرق بين الصدر
والقلب والفؤاد واللب وما وراءها من الشغاف
ومواضع العلوم واحببت ان اشرح له بتوفيق الله تعالى
اذ هو ميسر كل عسير وبه استعين اعلم اذاك الله
فقها في الدين ان اسم القلب اسم جامع يقتضي اسما ومقاما
الباطن كلها وفي الباطن مواضع شتى من خارج القلب ومنها
ما هي داخل القلب فما شبه اسم القلب باسم العين اذ
العين اسم يجمع بين الشفرين من البياض والسواد والحدقة
والنور الذي في الحدقة ولكل واحد من هذه الاشياء حكم
على حدة ومعنى غير معنى صاحبه الآن بعضها معاون لبعض
ومنافع بعضها متصلة ببعض وكل ما هو خارج فهو اساس
الذي يليه من الداخل وقوام النور بقواهن وكذلك
اسم الدار اسم جامع لما يحفظ بحيطانها من الباب والدهليز
وصحنها وبيوتها وما فيها من المخدع والخزانة ولكل مكان
وموضع فيها حكم غير حكم صاحبه وكذلك اسم الحرم اسم
جامع للحرم من حوالي مكة والبلد والمسجد والبيت العتيق
وفي كل موضع مناسك غير ما يكون في الموضع الآخر
وكذلك اسم القنديل اسم جامع للزجاجة وفي القنديل موضع
الماء غير موضع الفتيلة وموضع الفتيلة غير موضع الماء

وهو

Änderungen am arabischen Text

Seite {35} Zeile 9: *qamla* sollte verändert werden zu *qaml.* Hier braucht es einen Sammelbegriff wie *ba'ūḍ* und *dhubāb.*

Seite {37} Zeilen 5–7: Gemäß dem Wortlaut dieses Hadith, wie er von al-Muttaqī in seinem Werk *Kanz al-'ummāl* wiedergegeben wird, sollte *al-yad dschanāḥ* besser lauten *al-yadān dschanaḥān;* und *maṣlaḥa* (mit *ṣād*) sollte lauten *maslaḥa* (mit *sīn*); und *ḍaḥka* sollte *ḍaḥk* lauten.

Seite {40} Zeile 7: Vielleicht sollte *wilāyat at-takalluf* eher lauten *wilāya wa takalluf.* Siehe dazu Seite {84} Zeile 2.

Seite {40} Zeile 10: *ākhir* sollte wahrscheinlich *ākhidh* lauten, so wie im arabischen Manuskript.

Seite {50} Zeile 10: *makā'id* sollte *makāyid* lauten.

Seite {53} Zeile 7: *āmana* sollte *fa āmana* lauten, um den Beginn der Satzaussage zu kennzeichnen.

Seite {53} Zeile 9: *ma'a Allāh* macht kaum Sinn; besser wäre *minan Allāh.*

Seite {54} Zeile 10: *wa al-riyā'* sollte *wa al-ri'ā'* lauten.

Seite {61} Zeile 4: *mathal* am Anfang der Zeile scheint hier überflüssig zu sein.

Seite {71} Zeile 2: Möglicherweise sollte *maqrūn* eher lauten *mauzūn* wie in *'aql mauzūn.* Siehe die letzte Zeile von Seite {75}, wo eine Art von *'aql* beschrieben wird als *mauzūn* und *maṭbū'.*

Seite {71} Zeile 3: *allatī hiya dākhila* sollte wahrscheinlich lauten *allatī hiya dākhlia fīhā.*

Seite {71} Zeilen 7–8: *'aṣama hādhihi al-buḥūr* macht nicht wirklich Sinn, weil nur ein *baḥr* erwähnt wurde. Vielleicht müsste es korrekt einfach *'asamahu* lauten, wobei sich das *hu* auf *lubb* bezieht.

Seite {72} Zeile 4: *al-ḥurūf al-muḍā'afa* sollte lauten *ḥurūf al-muḍā'af.*

Seite {76} Zeile 9: Mittlerweile glaube ich, diese Zeile ergibt mehr Sinn ohne das hinzugefügte *ghayr.*

Seite {77} Zeile 3: Das *hamza* in *idschtināb* sollte entfallen.

Seite {82} Zeile 3: *lafẓat ism an-nafs* sollte wahrscheinlich einfach *ism an-nafs* oder *lafẓat an-nafs* lauten.

Seite {82} Zeile 9: *wa hiya* scheint überflüssig zu sein.

Seite {84} Zeile 9: *ṣālih aʿmālihā* sollte wahrscheinlich *iṣlāḥ aʿmālihā* gelesen werden.

Seite {84} Zeile 11: Der Punkt zwischen *at-tafwīḍ* und *al-muschāhada* sollte wahrscheinlich entfallen. Die Bedeutung des arabischen Textes ist an dieser Stelle nicht klar. Vielleicht sollte er korrigiert werden zu *wa al-muschāhada allatī hiya adschallu mimmā yarā an-nafs.*

Seite {86} Zeile 6: *ʿaschiqat* macht nur wenig Sinn. Vielleicht sollte es korrekt *ʿaffat* lauten.

Seite {87} Zeile 3: *min aquālihi* sollte wahrscheinlich *fī aquālihi* lauten.

Seite {88} Zeile 1: Statt *ẓulma* steht im arabischen Manuskript *maẓlima.* Keines von beiden macht in diesem Kontext viel Sinn. Die korrekte Lesart lautet wahrscheinlich *miẓalla.*

Seite {88} Zeile 11: *ṭarīq at-takayyuf* sollte vielleicht besser *ṭarīq at-takalluf* lauten.

Sete {89} Zeile 12: Vielleicht sollte *muʿāfā* besser *muʿāfiya* lauten. Das aktive Partizip ist hier sinnvoller als das passive.

Seite {92} Zeile 7: *yatakārabu wa yutafāḍalu* macht kaum viel Sinn. Vielleicht lautet die richtige Lesart *yataqāṣaru wa yatafāḍalu.*

Seite {96} Zeile 7: *tauḥīd* sollte vielleicht *tauṭīd* lauten.

Seite {97} Zeile 7: *yablughu* sollte *tablughu* lauten, weil *as-schams* sein Subjekt ist.

Seite {97} Zeile 11: *wa hiya ṭulūʿ as-schams* sollte wahrscheinlich lauten *wa huwa ṭulūʿ as-schams,* wobei das vorausgehende *huwa* sich auf das *nūr at-tauḥīd* bezöge.

Seite {98} Zeile 4: *ṭalaʿat nūru schamsihi* sollte *ṭalaʿat schamsu nūrihi* lauten, weil *schams* weiblich und *nūr* männlich ist. Die Änderung hätte keinen Einfluss auf das *khafīf*-Metrum.

Seite {100} Zeile 8: *musadda* sollte wahrscheinlich *muschaddad* lauten.

Seite {101} Zeile 6: *duʿāhu* sollte *duʿāʾahu* lauten wie im arabischen Manuskript.

Seite {102} Zeile 5: *mudscharramūn* sollte lauten *mukharramūn.*

Seite {102} Zeile 6: *dschamalahu* sollte wie im arabischen Manuskript *dschaʿalahu* lauten.

Bibliografie

ʿAbd al-Bāqī, Muḥammad Fuʾād: *al-Muʿdscham al-mufahras li alfāẓ al-Qurʾān al-karīm,* Kairo: Dār al-Kutub al-Miṣrīya, 1945/1364.

Arberry, A. J.: *The Koran Interpreted,* zwei Bände, London: George Allen and Unwin, 1955.

Barakah, ʿAbd al-Fattāḥ ʿAbd Allāh: *al-Ḥakīm at-Tirmidhī wa naẓarīyatuhu fī al-wilāya,* Kairo 1971.

al-Bustānī, Buṭrus: *Muḥīṭ al-muḥīṭ,* zwei Bände, Beirut 1870/1286.

The Encyclopaedia Britannica, elfte Ausgabe, New York 1911.

The Encyclopaedia of Islam, Neuausgabe, Leiden: E. J. Brill, 1960–2002.

Fihris al-kutub al-ʿarabīya al-maudschūda bi al-dār, Kairo 1924.

Griffith, Sydney H.: "As One Spiritual Man to Another: The Merton-Abdul Aziz Correspondence" in *Merton & Sufism: The Untold Story,* herausgegeben von Rob Baker und Gray Henry, Louisville KY: Fons Vitae, 1999, Seiten 101–129. [Eine deutsche Übersetzung erscheint voraussichtlich 2022 im Chalice Verlag, Xanten.]

al-Haythamī, Nūr ad-Dīn ʿAlī ibn Abī Bakr: *Madschmaʿ al-zawāʾid wa-manbaʿ al-fauāʾid,* sechs Bände, Kairo 1933/1352.

Heer, Nicholas: "A Sufi Psychological Treatise" in *The Muslim World,* Band 51 (1961), Seiten 25–36, 83–91, 163–172 und 244–258 (eine Übersetzung des *Bayān al-farq as-ṣadr wa al-qalb wa al-fuʾād wa al-lubb*).

Heer, Nicholas: "Some Biographical and Bibliographical Notes of al-Hakim al-Tirmidhi" in *The World of Islam: Studies in Honor of Philip K. Hitti,* London 1959, Seiten 121–134.

Der heilige Koran, Arabisch und Deutsch, herausgegeben von Hazrat Mirza Tahir Ahmad, Ahmadiyya Muslim Jamaat in der Bundesrepublik Deutschland und der Schweiz, 1989, [KT].

Heller, B. und Stillman, N.A.: "Lukman" in *The Encyclopaedia of Islam,* Band V, Seiten 811–813.

al-Hudschwīrī, ʿAlī ibn ʿUthmān al-Dschullābī: *Kaschf al-maḥdschūb,* herausgegeben von Valentin A. Zhukovskij, Leningrad 1926; Nachdruck: Teheran 1957/1336.

al-Hudschwīrī, ʿAlī ibn ʿUthmān al-Dschullābī: *Kaschf al-maḥdschūb,* übersetzt von Reynold A. Nicholson, E.J.W. Gibb Memorial Series, Band 17, London 1911.

Ibn al-Dschauzī, Abū al-Faradsch ʿAbd al-Raḥmān ibn ʿAlī ibn Muḥammad ibn ʿAlī: *Ṣifat as-ṣafwa,* vier Bände, Hyderabad 1936/1355.

al-Iṣbahānī, Abū Nuʿaym Aḥmad ibn ʿAbd Allāh: *Ḥilyat al-auliyāʾ wa ṭabaqāt al-aṣfiyāʾ,* zehn Bände, Kairo 1932/1351–1938/1357.

al-Kalābādhī: *Kitāb at-taʿarruf li madhhab ahl at-taṣawwuf,* herausgegeben von A.J. Arberry, Kairo 1933/1352.

Keller, Noah Ha Mim: *The Reliance of the Traveller,* Evanston: Sunna Books, 1991 (*ʿUmdat al-sālik wa ʿuddat an-nāsik,* übersetzt und herausgegeben von Ahmad ibn al-Naqib al-Misri).

Der Koran, übersetzt von Max Henning, Hamburg: Nikol Verlagsgesellschaft, 2018, [kH].

Der Koran, übersetzt und kommentiert von Adel Theodor Khoury, Gütersloh: Gütersloher Verlagshaus, 2015, [kK].

Der Koran, Übersetzung von Rudi Paret, Stuttgart: W. Kohlhammer, 2014, [kP].

Lane, E.W.: *Arabic-English Lexicon,* London 1863; Nachdruck: zwei Bände, Cambridge: The Islamic Texts Society, 1984.

Levey, Martin: *The Medical Formulary or Aqrābādhīn of al-Kindī,* Madison: University of Wisconsin Press, 1966.

al-Māturīdī, Abū Manṣūr ibn Muḥammad ibn Maḥmūd: *Scharḥ al-fiqh al-akbar,* Hyderabad 1903/1321.

Mausūʿat al-ḥadith as-scharīf, Version 1.2, CD-ROM, Kairo: Shakr Software Co., 1996.

Mélanges Louis Massignon, drei Bände, Damascus: Institut Français de Damas, 1957.

Merton & Sufism: The Untold Story, herausgegeben von Rob Baker und Gray Henry, Louisville KY: Fons Vitae, 1999.

Mustawfī, Ḥamd Allāh: *Nuzhat al-qulūb,* übersetzt von Guy le Strange, E.J.W Gibb Memorial Series, Band XXIII, Nr. 2, Leyden und London 1919.

al-Muttaqī, ʿAlī ibn ʿAbd al-Malik: *Kanz al-ʿummāl fi sunan al-aquāl wa al-afʿāl,* acht Bde., Hyderabad 1894/1312–1896/1314.

AL-MUTTAQĪ, ʿALĪ IBN ʿABD AL-MALIK: *Kanz al-ʿummāl fī sunan al-aquāl wa al-afʿāl,* sechzehn Bände, Aleppo: Maktabat at-Turāth al-Islāmī, 1969–1977.

AL-NŪRĪ, ABŪ AL-ḤASAN: «Risālat Maqāmāt al-Qulūb», herausgegeben von Paul Nwyia, in *Mélanges de l'Université Saint-Joseph,* Band XLIV (1968), Seiten 129–143.

NWYIA, PAUL: «Textes mystiques inédits d'Abū-l-Ḥasan al-Nūrī» in *Mélanges de l'Université Saint-Joseph,* Band XLIV (1968), Seiten 115–154.

PICKETHALL, MOHAMMED MARMADUKE: *The Meaning of the Glorious Koran,* New York: New American Library, 1953.

al-Qurʾān al-karīm, herausgegeben von Muḥammad ʿAlī Khalaf al-Ḥusaynī, Ḥifnī Nāṣif, Naṣr al-ʿĀdilī, Muṣṭafā ʿInānī und Aḥmad al-Iskandarī, Būlāq: al-Maṭbaʿa al-Amīrīya, 1923/1342 (publiziert unter Schirmherrschaft von König Fuʾād I von Ägypten).

RADTKE, BERND: *Drei Schriften des Theosophen von Tirmid* [*Das Buch vom Leben der Gottesfreunde. Ein Antwortschreiben nach Sarahs* und *Ein Antwortschreiben nach Rayy*], Orient-Institut der DMG Beirut, Stuttgart: Franz Steiner Verlag, 1996.

RADTKE, BERND: *Al-Ḥakīm at-Tirmidī: Ein islamischer Theosoph des 3./9. Jahrhunderts,* Freiburg: Klaus Schwarz Verlag, 1980.

RADTKE, BERND: »Theologen und Mstiker in Ḫurāsān und Transoxanien« in *Zeitschrift der deutschen morgenländischen Gesellschaft,* Band 136 (1986), Seiten 555–556.

RADTKE, BERND: "Tirmidiana Minora" in *Oriens,* Band 34 (1994), Seiten 242–277.

RADTKE, BERND und O'KANE, JOHN: *The Concept of Sainthood in Early Islamic Mysticism: Two Works by al-Ḥakīm al-Tirmidhī,* Richmond, Surrey, 1996 (enthält englische Übersetzungen von *Sīrat al-auliyāʾ* und *Badʾschaʾn abī ʿabd Allāh*).

REDHOUSE, JAMES W.: *A Turkish and English Lexicon,* Konstantinopel 1921.

AL-SARRĀJ, ABŪ NAṢR ʿABD ALLĀH IBN ʿALĪ: *Kitāb al-lumaʿ fī al-taṣawwuf,* herausgegeben von Reynold Alleyne Nicholson, Leiden: E.J. Brill, 1914 (E.J.W. Gibb Memorial Series, Band XXII).

SCHIMMEL, ANNEMARIE: *Mystische Dimensionen des Islam: Die Geschichte des Sufismus,* München: Diederichs, 1995.

SEZGIN, FUAT: *Geschichte des arabischen Schrifttums,* Leiden: E.J. Brill, 1967.

as-Sulamī, Abū ʿAbd ar-Raḥmān Muḥammad ibn al-Ḥusayn: *Kitāb al-arbaʿīn fī at-taṣawwuf,* Hyderabad 1950/1369.

aṭ-Ṭabarī, Muḥammad ibn Dscharīr: *Dschāmiʿ al-bayān fī tafsīr al-Qurʾān,* dreißig Bände, Bulaq 1905/1323–1911/1329.

at-Thaʿlabī, Abū Isḥāq Aḥmad ibn Muḥammad: *Qiṣaṣ al-anbiyāʾ,* Kairo: al-Maṭbaʿa wa al-Maktaba as-Saʿīdīya, ohne Datum.

at-Tirmidhī, Muḥammad ibn ʿAlī al-Ḥakīm: *Bayān al-farq bayn as-ṣadr wa al-qalb wa al-fuʾād wa al-lubb,* herausgegeben von Nicholas Heer, Kairo 1958.

at-Tirmidhī, Muḥammad ibn ʿAlī al-Ḥakīm: *Kitāb al-riyāḍa wa adab an-nafs,* herausgegeben von A.J. Arberry und ʿAlī Ḥusayn ʿAbd al-Qādir, Kairo 1947/1366.

at-Tirmidhī, Muḥammad ibn ʿAlī al-Ḥakīm: *Nawādir al-uṣūl,* Konstantinopel 1877/1294.

Ullmann, M.: "Al-Kibrīt" in *The Encyclopaedia of Islam,* Band V, Seiten 88–90.

Wensinck, A.J.: *Concordance et indices de la tradition musulmane,* sieben Bände, Leiden 1936–1969.

Winder R. Bayly: "Makka" (3. The Modern City) in *The Encyclopaedia of Islam,* Band VI, Seiten 152–180.

The World of Islam: Studies in Honor of Philip K. Hitti, herausgegeben von James Kritzeck und R. Bayly Winder, London 1959.

Yahya, Othman: «L'Œuvre der Tirmidi» in *Mélanges Louis Massignon,* Band 3, Seiten 411–480.

Yāqūt ibn ʿAbd Allāh, Schihāb ad-Dīn Abu ʿAbd Allāh: *Muʿdscham al-buldān,* fünf Bände, Beirut 1955/1374–1957/1376.

Über den Herausgeber

Nicholas Heer wurde 1928 in Chapel Hill, North Carolina, geboren. Er machte 1949 seinen Bachelor-Abschluss in Geschichte und Kunst an der Universität von Yale und promovierte 1955 in Orientalistik an der Princeton University (mit seiner Doktorarbeit der Übersetzung und kritischen Herausgabe der *Bayān al-farq* von at-Tirmidhī). Von 1955 bis 1957 arbeitete er als Übersetzer und Analyst für die Arabian American Oil Company in Saudi-Arabien, bevor er 1958 als Kurator der Nahost-Sammlungen der Hoover Institution an der Stanford University in die USA zurückkehrte. Im darauffolgenden Jahr wurde er als Assistenzprofessor für Arabisch an das Institut für asiatische Sprachen in Stanford berufen. Von 1962 bis 1963 war er Gastdozent an der Yale University und von 1963 bis 1965 Assistenzprofessor für Arabisch an der Harvard University.

1965 wurde ihm eine Assistenzprofessur für Arabisch an der Universität von Washington angeboten, wo er 1976 zum ordentlichen Professor aufstieg. 1982 wurde er dort zum Leiter des Instituts für Sprache und Kultur des Nahen Osten ernannt, an dem er bis 1987 arbeitete. Nicholas Heer emeritierte 1990.

Zu seinen Publikationen zählen neben zahlreichen Fachartikeln die arabische Ausgabe von *al-Durra al-fākhira* von ʿAbd al-Raḥman al-Dschāmī (Wisdom of Persia Series XIX, Teheran 1980) sowie deren englische Übersetzung *The Precious Pearl* (Albany, SUNY Press, 1979).

Register und Glossar

B

L

M

O

P

Q

R

Wisse, möge Gott dir gnädig sein, dass es in der gesamten Schöpfung Gottes nichts Besseres gibt als ein Herz, das durch die Lichter der Vereinigung, der Erkenntnis und des Glaubens tugendhaft geworden ist, noch gibt es etwas Geläuterteres, Reineres, Frömmeres, Wahreres oder Umfassenderes als ein Herz, wenn Gott dieses von Verunreinigungen geläutert und es im Licht der Wahrheit wiederbelebt, es umsorgt und beschützt und ihm Wohltaten gewährt hat. Derart ist das Herz der Gläubigen, und dessen Lichter strahlen grenzenlos.

Der Chalice Verlag widmet sich
der Publikation von wertvollen Texten
aus verschiedenen spirituellen Traditionen

Unser gesamtes aktuelles Verlagsprogramm sowie
weiterführende Textbeiträge, Audioaufnahmen und Videos
finden Sie auf unserer Webseite

www.chalice-verlag.com

Wie Sie unsere Arbeit unterstützen können

Gute Bücher mit anspruchsvoller Literatur zu machen,
ist heutzutage ein steiniges Unterfangen, besonders
für kleine Verlage, die knappe finanzielle Mittel
mit umso mehr Herzblut wettmachen müssen.
Wir sind ein nicht-profitorientierter Kleinverlag,
arbeiten für weniger als ein Taschengeld und reinvestieren
alle unsere Erträge in neue Buchprojekte.

Wenn Sie den Chalice Verlag unterstützen möchten,
freuen wir uns natürlich über jeden Kauf und
jede Weiterempfehlung der von uns verlegten Bücher.
Auch falls Sie uns eine Zuwendung zukommen lassen möchten,
die uns neue Buchprojekte ermöglichen hilft und
unsere Verlagsarbeit fördert, danken wir Ihnen von Herzen.

Unsere Bankverbindung:
Iban-Nr. DE89 3545 0000 1150 0050 54 · Bic WELADED1MOR

Unser PayPal-Konto: kontakt@chalice-verlag.com

Chalice Verlag

Als »größter Meister« des Sufismus und als einer der bedeutendsten theosophischen Denker wird Ibn ʿArabī (1165–1240) in der islamischen Welt weitherum verehrt. Obwohl dieser undogmatische Mystiker auch im Westen zunehmend Anerkennung findet, sind hier bisher hauptsächlich einige seiner theoretischen Schriften bekannt, weniger seine intimen Andachtsgebete, die in der islamischen spirituellen Glaubenspraxis dagegen seit Jahrhunderten ihren festen Platz haben. Dieses Buch präsentiert seine tief berührenden Morgen- und Abendgebete für jeden Tag der Woche, die *Awrād al-usbūʿ*, zum ersten Mal auf Deutsch mit den lehrreichen Erläuterungen der ausgewiesenen Ibn-ʿArabī-Experten Stephen Hirtenstein und Pablo Beneito. Diese Gebete widmen sich der ausführlichen Darlegung des spirituellen Einsseins, drücken das innerlichste Zwiegespräch mit dem Göttlichen Geliebten aus und zeigen die Betenden als Dessen wahre Verehrer. Die *Awrād* Ibn ʿArabīs sind eines der wunderbarsten Beispiele für die reale Möglichkeit des theophanischen Gebets. Bei ihrer Lektüre und Rezitation fällt uns unmittelbar die Präzision und Tiefe der Formulierung auf, die sich in erster Linie auf die Klärung und die Verehrung der Einheit (*tauḥīd*) ausrichtet. Diese wunderschönen Lobpreisungen Gottes berühren die Herzen nicht nur von Musliminnen und Muslimen, sondern von jeder und jedem wirklich Gläubigen, egal aus welcher spirituellen Tradition, und von allen wahrhaft Liebenden.

ISBN 978-3-942914-38 3
184 Seiten

Im spirituellen Schrifttum des Islams stellt die *Abhandlung über die Liebe* einen Höhepunkt dar; sie ist im Ganzen wie im Detail ein vollendetes Meisterwerk. Alles, was vor Ibn 'Arabī zu diesem, insbesondere für das esoterische Verständnis des Korans so zentralen Thema gesagt wurde, fasst der »größte Meister« hier zusammen, geht aber noch weit darüber hinaus. Kein spiritueller Lehrer hat seither derart wirklichkeitsgetreue, ursprüngliche, tiefgründige und vollständige Sichtweisen auf das Wesen und die Essenz der Liebe dargestellt.

In dem hier zum ersten Mal auf Deutsch vorliegenden Kapitel 178 seiner umfangreichen *Mekkanischen Eröffnungen* beleuchtet der »Lehrer der Sufis« alle Formen der Liebe, die natürliche oder physische, die spirituelle und die Göttliche. Die falsche, im Westen – heutzutage wie auch in der Vergangenheit – verbreitete Meinung, der Islam sei lediglich eine Religion der Strenge und formaler Vorschriften, in der Göttliche Transzendenz alles derart aufsauge, dass ein menschliches Wesen nicht einmal mehr an der Liebe teilhaben könne, wird hier mit großer Einblickskraft in die tiefsten Zusammenhänge und in poetischer Sprache richtiggestellt.

ISBN 978-3-905272-74-1
280 Seiten

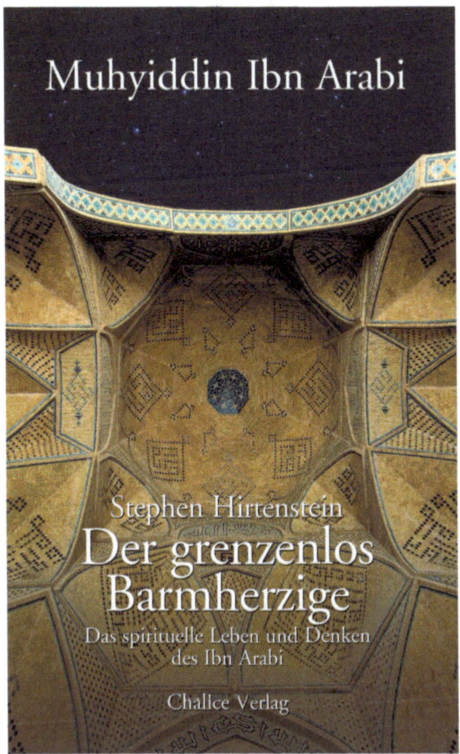

Warum wird Mohammed »Siegel der Propheten« genannt? Was ist die spirituelle Bedeutung von Jesus? Worin besteht die Verbindung der Heiligen und Gesandten aller Völker im Licht der absoluten Einheit aller Existenz? Dies sind nur einige der Fragen, die Muḥyīddīn Ibn ʿArabī mit seiner visionären Einsicht und einzigartigen Darstellungskraft beantwortet. Bekannt als der *shaykh al-akbar,* der »größte Meister«, gilt der andalusische Sufi für viele als einer der bedeutendsten Mystiker und Denker in der Geschichte des Islams. Die Wirkung seines enormen Lebenswerks auf Philosophie, Theologie und die Entwicklung der islamischen Spiritualität hallt noch heute unüberhörbar nach. Der in Murcia geborene und in Damaskus begrabene Ibn ʿArabī vereint wie niemand vor oder nach ihm die Weisheiten des Westens und des Ostens in einem ganzheitlichen Bild des Menschen als Krönung einer auf Liebe und Barmherzigkeit beruhenden Schöpfung. Sein tiefes Verständnis der gemeinsamen Wurzeln der abrahamitischen Religionen und der vielfältigen Berührungspunkte ihrer Propheten Moses, Jesus und Mohammed birgt ein unschätzbares Potenzial für den interkulturellen Dialog und die zwischenreligiöse Verständigung. Das vorliegende Buch füllt eine Lücke in der deutschsprachigen Literatur über diesen epochalen Mystiker. Mit ausführlichen Zitaten, luzider Darlegung seiner Grundgedanken und reichem Fotomaterial ist Stephen Hirtenstein ein biografisches Meisterwerk gelungen.

ISBN 978-3-905272 79-6
420 Seiten

»Ich sah dich nicht auf meinem Weg. Gibt es da noch einen anderen Pfad?« // »Ein jeder hat seinen Weg, den niemand sonst als nur er beschreitet.« // »Und wo befinden sich diese verschiedenen Wege?« // »Sie entstehen durch das Reisen selbst.«

Zwei Texte Ibn 'Arabīs, die – in Anspielung auf die berühmte »nächtliche Reise« oder Himmelfahrt des Propheten Mohammed – die Umstände und Erfahrungen des völligen Aufgehens in Gott beschreiben. Ibn 'Arabīs Bearbeitung dieses Themas widerspiegelt seinen besonderen Zugang zum Koran und den Hadithen wie auch die ganze Spannweite seiner metaphysisch-theologischen Lehren und seines Interesses an praktischer Spiritualität.

Im engeren Sinn eine Erläuterung von *khalwa,* einer Sufi-Übung zur Erlangung der Gegenwart Gottes durch absolute Aufgabe der Welt, beschreibt die *Reise zum Herrn der Macht* den geistigen Aufstieg durch alle Stufen der Existenz bis hin zur Göttlichen Gegenwart. Ibn 'Arabī ruft die, die den mystischen Weg der Sufis gehen wollen, dazu auf, ihr Herz zu reinigen und eins zu werden mit ihrer inneren Essenz. Mit großer Klarheit und der Überzeugungskraft autobiografischer Passagen schildert Ibn 'Arabī die Erfahrung seiner eigenen Himmelfahrt auch im Text *Meine Reise verlief nur in mir selbst,* einer hier erstmals auf Deutsch vorliegenden, kommentierten Übersetzung des Kapitels 367 aus seinen umfangreichen *Futūḥāt al-Makkiyya.*

ISBN 978-3-905272-73-4
164 Seiten

WEITERE TITEL IM CHALICE VERLAG

Das *Dawr al-aʿlā* (»die erhabenste Hinwendung«) des bedeutenden andalusischen Mystikers Muḥyīddīn Ibn ʿArabī (1165–1240) ist im arabischen Sprachraum seit vielen Jahrhunderten eines der bewährtesten Gebete besonders im Rahmen einer persönlichen, inneren Frömmigkeit. Auch bekannt als *Ḥizb al-wiqāya* (»Schutzgebet«), wird es für seine spirituelle Kraft und sprachliche Eleganz von Gläubigen in vielen Ländern geschätzt und gilt als eine der schönsten Blüten der Erbauungsliteratur des Sufismus. Es heißt, wer es mit reinem Herzen und fester Überzeugung rezitiere, sei vor Schaden und Leid behütet, werde seine Wünsche erfüllt sehen und gelange mit jeder Hinwendung näher zum Göttlichen. Dieses Buch legt erstmals eine deutsche Übersetzung des eindrücklichen Schutzgebets vor, begleitet vom arabischen Originaltext und einer genauen Transliteration. Darüber hinaus kommentiert die englische Islamwissenschaftlerin Suha Taji-Farouki die Feinheiten und Querbezüge von Ibn ʿArabīs poetischem Text mit seinen Einflechtungen von Koranzitaten und schönsten Gottesnamen. Gleichzeitig hat sie die Geschichte des Gebets recherchiert und rund 200 Scheichs aus verschiedenen Sufi-Orden und Herkunftsländern identifiziert, die es durch die Jahrhunderte hinweg überliefert haben. Damit bietet dieses Werk auch einen wichtigen wissenschaftlichen Beitrag zum Verständnis der zentralen Bedeutung des »größten Meisters« des Sufismus und seiner Lehren für die Entwicklung der islamischen Spiritualität.

ISBN 978-3-942914-42-0
192 Seiten

Dieser Band vereinigt drei grundlegende Texte, die einen Einstieg erlauben in die universelle Schau und das tiefe Verstehen des andalusischen Mystikers Ibn 'Arabī, dessen Titel wie »größter Meister«, »Pol des Wissens« oder »Doktor Maximus« von seiner außerordentlichen, noch heute verbreiteten Anerkennung in Ost und West zeugen. Wie kein zweiter Sufi vor oder nach ihm, lehrte er mit großer Klarheit der Vision die Einheit des Seins und die Wege Göttlicher Selbstoffenbarung. Seine Existenzphilosophie erklärt auch den berühmten Hadith des Propheten Mohammed, in welchem Gott sagt: »Ich war ein verborgener Schatz und liebte es, erkannt zu werden; also erschuf Ich die Welt, auf dass Ich erkannt werde.«

Die vorliegende Sammlung beinhaltet (1) das Traktat *Der innerste Kern,* das *Lubbul lubb,* die von Ismail Hakki Bursevi (1653–1725), einem der bedeutendsten Schüler Ibn 'Arabīs, übertragene und kommentierte, gut verständliche Zusammenfassung der komplexen Grundlehren des »größten Scheichs«. Weiter umfasst der Band (2) die sogenannten *Neunundzwanzig Seiten,* eine klassische Einführung in das Studium Ibn 'Arabīs, sowie (3) einen wichtigen Schlüsseltext zum Thema Selbsterkenntnis: Ibn 'Arabīs Kommentar über die Aussage des Propheten »Wer sich selbst kennt, kennt seinen Herrn« aus seiner *Abhandlung vom Sein,* dem *Risālat al-wudschūdiyya.*

ISBN 978-3-905272-72-7
152 Seiten

Was sind die Grundlagen, Lehren und Begrifflichkeiten der islamischen Mystik? Titus Burckhardt hat den Sufismus nicht nur intellektuell durchdrungen, sondern den »Pfad der Rückkehr« als Mitglied eines marokkanischen Derwischordens jahrzehntelang auch selbst beschritten. Daher ist diese meisterhafte Darstellung der spirituellen Essenz des Korans alles andere als eine trockene Abhandlung und langweilt nicht mit oberflächlich Formalem oder akademischer Theorie. Der genauso brillante wie bescheidene Schweizer Mystiker führt die Leser ohne Umschweife in die Grundzüge der sufischen Weltsicht ein und erklärt anschaulich und überzeugend – vor allem aus der Sicht des genialen Sufis Muḥyīddīn Ibn 'Arabī – die Geist und Herz anregenden philosophisch-spirituellen Ideen von der Einheit des Seins, von der Schöpfung als Selbstoffenbarung Gottes und vom »allheitlichen« Menschen als Dessen potenziellem Ebenbild. Dabei zeigt er auch die inneren Berührungspunkte von Islam, Christentum und Judentum sowie Hinduismus und Buddhismus auf. Dass dieser Autor – anders als viele wissenschaftliche Theoretiker – tatsächlich verstanden hat, worüber er schreibt, bescheinigt die bekannte Islamgelehrte Annemarie Schimmel mit ihrem Lob: »Burckhardt vereint eine tiefe spirituelle Einsicht mit der Liebe zum ewig Wahren. Seine Schriften zeigen, dass diese Wahrheit heute ebenso frisch ist wie vor Jahrtausenden und so lange bestehen wird, wie der Mensch sich nach dem Göttlichen Licht sehnt.«

ISBN 978-3 942914-27-7
172 Seiten

Eine exquisite kleine Sammlung mystischer Liebesgedichte des berühmten persischen Poeten Dschalāl ad-Dīn Rūmī, so kenntnisreich ausgewählt wie einfühlsam übersetzt von der großen Orientalistin Annemarie Schimmel und wunderschön illustriert mit den stilvollen Federzeichnungen der Künstlerin Ingrid Schaar. Die Verse Rūmīs, auf den der Sufi-Orden der »tanzenden Derwische« zurückgeht, haben weit über die islamische Welt hinaus immer wieder Dichter und Denker begeistert und inspiriert: Der neben Hafis bedeutendste Poet persischer Sprache beeindruckte bereits Johann Wolfgang von Goethe und ist heute sogar einer der meistgelesenen Dichter in den USA, der moderne Künstlerinnen und Künstler wie Madonna, Beyoncé, Coldplay oder Tilda Swinton beeinflusst hat. Die brennende Liebe, die Rūmī in seinen bilderreichen Zeilen feiert, gilt vordergründig jenem charismatischen Wanderderwisch Schamseddin, der ihn aus seiner bürgerlichen Existenz hinauskatapultierte und in die tiefsten Geheimnisse der Mystik des Sufismus einweihte, bevor dieser – vermutlich von neidischen Anhängern des Dichters – ermordet wurde. In ihrem Innersten aber sind Rūmīs Liebesgedichte stets eine vertraute Zwiesprache mit dem *wahren* Geliebten, dem einen und einzigen barmherzigen Gott, und ein fortwährendes Umkreisen der Geheimnisse einer Schöpfung, deren erste Ursache und letzte Wirkung die Liebe ist, die jedem Menschen unermüdlich zuruft: »Komm, komm, wer immer du bist…«

ISBN 978-3-942914-41-3
96 Seiten · 15 Abbildungen

»Komm, komm, wer immer du bist...« Das Lebenswerk von Dschalāl ad-Dīn Rūmī (1207–1273), des wohl bekanntesten Vertreters des Sufismus und, neben Hafis, bedeutendsten Dichters persischer Sprache, ist eine Verstand und Herz ergreifende Einladung, die vielfarbige Schönheit und spirituelle Tiefe der islamischen Mystik kennenzulernen. Ob in seinem berühmten Lehrgedicht *Masnawī,* in seinen philosophisch-theosophischen Prosaschriften oder in der auf ihn zurückgehenden Drehtanz-Zeremonie der Mevlevi-Derwische – Rūmīs unerschöpfliche Kreativität ist ein permanentes Umkreisen des Geheimnisses von Gott, dem Geliebten und der Liebe. Wie nachhaltig sein Wirken konfessionelle Schranken und kulturelle Epochen überwand, demonstrieren die Tausenden von Trauernden aus allen Religionsgemeinschaften, die bei der Beisetzung im türkischen Konya an seinem Sarg vorüberzogen, wie auch die Tatsache, dass er noch heute als einer der meistgelesenen Poeten in den Vereinigten Staaten gilt. In dieser exzellenten Biografie zeichnet die renommierte Sufismus-Kennerin ein überzeugendes Bild von Leben und Werk des großen Mystikers und seiner historischen, politischen, kulturellen und theologischen Hintergründe. Sie lässt uns eintauchen in seine Liebes- und Glaubenseinsichten, die sie mit einer exquisiten Auswahl seiner wundervollen Texte illustriert. Entzückt lauschen wir Rūmīs Sehnsuchtsmelodien nach der Einheit und lassen uns in den Bann seiner Gottesfreude ziehen.

ISBN 978-3-942914-19-2
228 Seiten

Guter Geschmack will gelernt sein: *Le bon-goût s'apprend.* Das gilt insbesondere für das spirituelle Schmecken der Einheit des Seins. In dieser einzigartigen Anthologie beschreiben liebestrunkene Sufis, wahrheitshungrige Gnostiker, erkenntnisdurstige Geisterseher und verschmitzt-weise Skandalgurus, hingebungsvolle Brotbäcker, humorbegnadete Geschichtenerzähler, ägäisverzauberte Lebensreisende und extremfastende Meisterspione Möglichkeiten und Wege, das Feine vom Groben zu unterscheiden, das Obere mit dem Unteren zu verbinden und so die scheinbare Trennlinie zwischen dem Körperlichen und dem Spirituellen zu überwinden. Wenn wir die ›Küchenarbeit an uns selbst‹ in der richtigen, nämlich dienenden Haltung angehen, kultivieren wir in uns diesen guten, feinen Geschmack für die Nähe Gottes. Bewusstes Kochen und Gekochtwerden lässt uns die Heiligkeit in der Transformation von Äußerem und Innerem entdecken.

Neben Ausgesuchtem von Dschalāl ad-Dīn Rūmī, Bahauddin Walad, Hafis, Khalil Gibran, Bülent Rauf, Reshad Feild, Muzaffer Ozak, G.I. Gurdjieff, P.D. Ouspensky, Idries Shah, Osho, Scotus Eriugena, Emanuel Swedenborg oder Henry Miller finden sich hier zum ersten Mal auf Deutsch vorliegende Trouvaillen von Annemarie Schimmel, Muḥyīddīn Ibn 'Arabī, John G. Bennett, Christopher Bamford und Paul Dukes.

ISBN 978-3-942914-20-8
324 Seiten

»Das gesamte *Masnawī* endlich auf Deutsch in Versform – eines der wichtigsten Werke in der Geschichte der religiösen Literatur.«

Navid Kermani
Friedenspreisträger des Deutschen Buchhandels

❧

Das *Masnawī* des großen persischen Dichters Dschalāl ad-Dīn Rūmī zählt nicht nur zu den Schlüsselwerken des Sufismus und den hellsten Glanzlichtern orientalischer Lyrik und islamischer Poesie, es gehört ebenso zu den bedeutendsten Werken der Weltliteratur und hat über Jahrhunderte hinweg Bewunderung in allen Kulturkreisen gefunden. Die hier in einer zweibändigen Gesamtausgabe von insgesamt über 1500 Seiten vorliegende kongeniale Übertragung aus dem persischen Original ist die erste deutsche Versübersetzung des *Masnawīs* mit seinen sechs Büchern zu je rund viertausend Doppelversen und ist vollständig in Blankversen gehalten, der in der deutschen wie auch in der englischen Literatur klassischen reimlosen Versform.

❧

»Wenn es je einen inspirierten Dichter unter den Muslimen gegeben hat, so war es gewisslich Rūmī. Er soll seine Verse größtenteils in einer Art Verzückung diktiert haben. Seine Bildersprache spiegelt die gesamte Bildungswelt seiner Zeit. Man ist immer wieder überrascht, wie frisch und lebendig die Dialoge wirken.«

Annemarie Schimmel
Friedenspreisträgerin des Deutschen Buchhandels

978-3-942914-51-2	978-3-942914 52-9
760 Seiten	ca. 800 Seiten

WEITERE TITEL IM CHALICE VERLAG

In dieser packend erzählten Geschichte begleiten wir einen jungen Engländer auf seiner abenteuerlichen Suche nach der wirklichen Bedeutung des Lebens und den allerletzten Wahrheiten. Unter der Führung des geheimnisvollen Antiquitätenhändlers Hamid, der sich im Laufe dieses ›metaphysischen Roadmovies‹ als ein strenger spiritueller Lehrer entpuppt, entwickelt sich Reshads Interesse an den Derwischen des Mittleren Ostens zu einer äußeren wie inneren Entdeckungsreise zu heiligen Stätten, weisen Menschen und tiefen Einsichten in die Wirklichkeit unserer Welt. Unter härtesten Prüfungen, die sein westliches Denken erschüttern, wird er in die inneren Lehren des Sufismus eingeführt und mit den Geheimnissen des Atems, der spirituellen Bedeutung der Jungfrau Maria und den gemeinsamen Wurzeln der jüdischen, christlichen und islamischen Traditionen vertraut gemacht. Schritt für Schritt beginnt er, die Heiligkeit allen Lebens zu verstehen, und erfährt die Liebe als die Erste Ursache der Schöpfung, bevor ihm schließlich die Erkenntnis der Einheit des Seins gewährt wird.

Ein echter Klassiker der modernen spirituellen Literatur und eines der großen autobiografischen Zeitzeugnisse mystischer Sinnsuche, das in den letzten vierzig Jahren weltweit Hunderttausende von Leserinnen und Lesern beeindruckt hat.

»Eine eloquente Orchestrierung von sehr hoher Kreativität.«

Literaturbeilage der Times

ISBN 978-3-942914-11-6
216 Seiten

Wie können wir auf der Suche nach Selbsterkenntnis das Einssein verwirklichen und uns der Einheit des Seins bewusst werden, wie sie insbesondere vom andalusischen Sufi Muḥyīddīn Ibn 'Arabī gelehrt wurde? Der türkische Mystiker Bülent Rauf (1911–1987), vielen Lesern bislang bekannt als die eindrückliche Figur »Hamid« aus dem autobiografischen Roman *Die letzte Schranke – Ich ging den Weg des Derwischs* von Reshad Feild, widmete Jahrzehnte seines Lebens der theoretischen Auslegung und praktischen Vermittlung dieses Wissens. Die von ihm 1975 gegründete Beshara-Schule für intensive esoterische Erziehung in Schottland haben seither Hunderte von Menschen aus aller Welt besucht, um durch gemeinsames Studium und ganzheitliche Zusammenarbeit auf diesem formlosen, nicht religionsgebundenen Erkenntnisweg voranzukommen. Seine hier erstmals auf Deutsch vorliegenden Schriften versammeln erhellende Studientexte zu Grundfragen des Sufismus ebenso wie Interviews und Artikel rund um die Themen gelebte Spiritualität und Selbstvervollkommnung. Weitere autobiografische, historische und kulinarische Texte entführen uns in Bülent Raufs Jugendjahre in Istanbul und Ägypten kurz vor dem Untergang des Osmanischen Reiches, in die Blütezeit des Sufismus in Indien sowie in die türkische Küche, deren Geheimnisse dieser weise Gelehrte, der auch ein begnadeter Koch war, kenntnisreich und unterhaltsam zu schildern versteht.

ISBN 978-3-942914-23-9
216 Seiten